Expeditionen ins Leben

Entdecken, was wirklich zählt

Ein evangelischer Begleiter für Jugendliche

Im Auftrag der Kirchenleitung der Vereinigten
Evangelisch-Lutherischen Kirche Deutschlands (VELKD)
herausgegeben von
Elisabeth Lange
Friedemann Müller
Georg Raatz

Mit 59 Abbildungen

Vandenhoeck & Ruprecht

Vereinigte
Evangelisch-Lutherische  VELKD
Kirche Deutschlands

Bibliografische Information der Deutschen Nationalbibliothek:
Die Deutsche Nationalbibliothek verzeichnet diese Publikation in der
Deutschen Nationalbibliografie; detaillierte bibliografische Daten sind
im Internet über http://dnb.de abrufbar.

© 2018, Vandenhoeck & Ruprecht GmbH & Co. KG,
Theaterstraße 13, D-37073 Göttingen
Alle Rechte vorbehalten. Das Werk und seine Teile sind urheberrechtlich
geschützt. Jede Verwertung in anderen als den gesetzlich zugelassenen Fällen
bedarf der vorherigen schriftlichen Einwilligung des Verlages.

Umschlagabbildung: © Jacob Lund/Shutterstock

Satz: SchwabScantechnik, Göttingen
Druck und Bindung: Kösel, Altusried-Krugzell
Printed in the EU

Vandenhoeck & Ruprecht Verlage | www.vandenhoeck-ruprecht-verlage.com

ISBN 978-3-525-69008-6

Geleitwort

Liebe Leserin, lieber Leser,

über Religion wird wieder viel geredet. Und du kannst ihr überall begegnen: im Film, in der Musik, in der Werbung, in der Literatur, in deiner Umgebung, an Feiertagen. Vielleicht hast du schon im Religionsunterricht, in der Konfirmandenzeit oder Teamerausbildung, bei Musikprojekten oder bei anderen Gelegenheiten gedacht, dass dich Fragen um Religion und Glauben mehr interessieren. Vielleicht findest du einige Geschichten und Symbole, Lieder und Rituale des christlichen Glaubens auch fremd oder andere total aktuell. Oder sie machen dich neugierig. Vielleicht hast du Lust, an den Fragen dranzubleiben, allein oder auch mit anderen zusammen. Du wirst schnell erkennen, dass es immer dein eigenes Leben betrifft, wenn du dich mit Religion beschäftigst.

Mit den Fragen ans Leben ist es manchmal so faszinierend wie mit einem unbekannten Land, das man wie bei einer Expedition entdeckt: Was erwarte ich eigentlich? Was brauche ich dafür? Was kann ich entdecken? Was will ich ausprobieren, um mal zu schauen, was passiert?

So spannend und neu die Fragen für jede einzelne und jeden einzelnen sind, so interessant und hilfreich können manchmal die Erfahrungen von Menschen sein, die in der Vergangenheit oder schon vor hunderten Jahren ähnlich neugierig waren. Viele Menschen vor dir haben ihre Erfahrungen aufgeschrieben, haben ihre Gefühle in Gedichten, Liedern, Bildern oder Filmen ausgedrückt oder ganz kurze Antworten gegeben. Die Bibel ist voll davon und auch andere Quellen aus Philosophie, Kunst und Kultur sind wertvoll. All diese überlieferte Weisheit wird dir in diesem Buch nicht einfach vorgeschrieben. Vielmehr sollst du selbst entscheiden, was dich anregt oder aufregt, was dich weiterführt oder was du auch nicht gebrauchen kannst.

Vielleicht kennst du das, dass man in sich verschiedene Stimmen hört. Die können manchmal ganz vielfältig und gegensätzlich sein. Hin und wieder muss man sich entscheiden, und oft ist es auch gut zu erleben, dass man selbst – genauso wie das Leben – nicht eindeutig ist. Wie das funktioniert, dazu hat das vorliegende Buch mit den acht spannungsreichen Themen einiges zu bieten!

Das Projekt lag von der ersten Idee bis zur Erarbeitung in den Händen einer Arbeitsgruppe, eines Autoren- und Herausgeberteams. Allen sei im Namen der Kirchenleitung der VELKD ein herzlicher Dank gesagt! Dem Verlag Vandenhoeck & Ruprecht und insbesondere Frau Jana Harle gebührt ein großer Dank für die in jeder Phase des Projektes verantwortungsvolle und kreative Mitwirkung sowie für die Aufnahme des Buches ins Verlagsprogramm.

Ich wünsche dir und allen, die das Buch zur Hand nehmen, dass du das Buch als einen Begleiter auf der persönlichen »Expedition ins Leben« und als einen wertvollen Proviant auf dem Weg zu einem selbstverantworteten Glauben entdeckst.

Schwerin, Ostern 2018

Landesbischof Gerhard Ulrich
Leitender Bischof der Vereinigten Evangelisch-Lutherischen Kirche Deutschlands (VELKD)

Inhalt

Bevor es losgeht 8

1 **frei verbunden** 10
Jana Harle

2 **endlich lebendig** 30
Christian Butt

3 **sicher risikobereit** 50
Florian Geith

4 **erfolgreich gescheitert** 68
Astrid Thiele-Petersen

5 **ohnmächtig stark** 86
Herbert Kolb

6 **unsichtbar angesehen** 104
Elisabeth Lange und Friedemann Müller

7 **gemeinsam allein** 120
Georg Raatz

8 **zufällig geplant** 138
Tobias Petzoldt

Wer steckt hinter diesem Buch? 158

Quellen 159

Bevor es losgeht

Expeditionen ins Leben – Warum trägt das Buch, das du in den Händen hältst, diesen Titel und was genau erwartet dich hier eigentlich? Das wollen wir dir kurz und knapp erläutern.

Das Buch nimmt dich mit hinein in verschiedene Situationen und Momente deines Lebens – die, die du kennst und die mal mehr, mal weniger wichtig für dich sein können. Es geht zum Beispiel um Erfolg, Aussehen, Einsamkeit, Schwäche, Zufall, Risiko ... – Und du ahnst, das hat alles mit deinem Leben zu tun.

Wie bei einer Expedition – einer Reise in meist unbekannte, unerschlossene Gebiete – kannst du dich hier auf den Weg machen, um dein Leben und das Leben der Menschen um dich herum zu entdecken. Manche Expeditionen liegen dir sofort. Du kennst dich aus und ahnst, was dir auf der »Reise« begegnen wird. Manche Begriffe sind groß – so wie Freiheit oder Endlichkeit. Wörter, die man nicht so schnell versteht oder erklären kann und über die sich schon so viele Menschen seit Jahrhunderten den Kopf zerbrechen. Wir behaupten, diese Expeditionen in unbekannte und schwierige Gebiete lohnen sich!

In jedem Kapitel dieses Buches findest du längere Texte, kurze Zitate, Lieder und Bilder. Du entscheidest selbst, wie du mit diesem Sammelsurium und all den Sichtweisen auf das Leben umgehst. Es gibt viele verschiedene Möglichkeiten und Tipps, dich mit diesem Expeditionsproviant zu beschäftigen.

Vielleicht findest du so manche Antworten auf deine Fragen, vielleicht hast du Lust, mit anderen darüber zu reden. Vielleicht hast du auf einmal noch mehr Fragen. Bleib also dran an der Expedition in dein Leben!

Wir wünschen dir, dass du viel von dem entdeckst, was wirklich zählt!

Los geht's!

Elisabeth Lange, Friedemann Müller und Georg Raatz

So findest du dich im Buch zurecht

 Wenn dieses Symbol auftaucht, wirst du aufgefordert, allein etwas zu erkunden, zu entdecken oder zu experimentieren.

 So sieht es aus, wenn du etwas mit anderen zusammen machen kannst – in der Gruppe, mit deinen Freundinnen und Freunden.

 Dieses Buch enthält Karten, auf denen ganz verschiedene Rollen und Charaktere abgebildet sind. Ob du diese brauchst oder nicht, erkennst du hieran.

 An einigen Stellen wirst du aufgefordert, dir ein Lied anzuhören. Die meisten Liedtexte findest du z. B. auf www.songtexte.com.

 Den Hinweis auf eine bestimmte Webseite erkennst du an diesem Symbol.

 Taucht dieses Symbol auf, kannst du im Internet zu einem Thema etwas nachschauen oder weiterrecherchieren.

1 frei verbunden

Jana Harle

Forschungsanliegen

Ich bin am Gipfel angekommen. Mein Blick geht in die Ferne – nur Wolken, Himmel und Berge. Außer meinem erschöpften Atem höre ich fast nichts. Ich sehe niemanden – nur entfernt im Tal sind ein paar Häuser und Autos zu erkennen. Ich breite meine Arme aus und fühle: Freiheit!

Meine Familie fährt jeden Sommer in den Urlaub – immer in eine kleine Ferienwohnung oder auf den Campingplatz. Schon seit Anfang des Jahres versuche ich, meine Eltern zu überreden, dass ich dieses Mal zu Hause bleiben darf. Und dann endlich, kurz vor den Ferien, habe ich sie soweit! ... Und tatsächlich: Eben haben sie sich verabschiedet, mir letzte Anweisungen »für den Notfall« gegeben, sind in ihr Auto gestiegen – und tschüss! Ich winke noch, schließe die Tür hinter mir und denke an die nächsten zwei Wochen: Freiheit!

Wir alle kennen das Gefühl von Freiheit, auch wenn wir es in ganz unterschiedlichen Momenten und unterschiedlich intensiv spüren. Freiheit – das kann für mich heißen, in der Natur unterwegs zu sein, einmal rauszukommen aus der lauten Stadt, einfach nichts tun zu müssen ... Vielleicht

Forschungsanliegen

fühlst du dich richtig frei, wenn du allein entscheiden kannst, was für Klamotten du trägst oder wann du nach Hause kommst – du also endlich mal für dich selbst verantwortlich bist. Genauso kann es aber auch befreiend sein, das laut auszusprechen, was du schon lange loswerden wolltest, ohne dass dir jemand reinredet.

Freiheit können wir im Großen und im Kleinen erleben. Freiheit kann ganz einfach ein Gefühl in uns sein, das wir in bestimmten Momenten besonders intensiv erleben. Wir sind frei, unsere Meinung zu äußern und zu glauben, was wir wollen. Freiheiten können Rechte sein, die uns zustehen. Aber: Freiheiten können wir anderen auch wegnehmen – je nachdem, was wir sagen oder tun.

Entspricht dieses Bild der Freiheit aber auch immer der Realität? Ist das im echten Leben so? Bin ich wirklich frei? Was hat es mit »der Freiheit« – meiner wie deiner – auf sich? Kann »frei sein« manchmal auch heißen, »allein zu sein«? Zum Beispiel: Wenn du sagst, du willst lieber frei sein, als dich an jemand anderen zu binden oder sogar für immer zu »ketten«? Kannst du also frei sein und dich gleichzeitig jemandem oder etwas verbunden fühlen?

Welche Situationen fallen dir ein, in denen du dich besonders frei gefühlt hast? Wenn du einen Moment vor Augen hast: Erinnerst du dich an das Gefühl, das du dabei hattest? Wie würdest du es beschreiben – in Bildern, Farben, Geräuschen oder Gerüchen?

Fühlst du dich manchmal auch alles andere als frei? Eher eingeschränkt oder eingesperrt und gefangen? Welche Momente oder auch Menschen hast du dabei vor Augen?

erkunden   Welche inneren Stimmen melden sich bei dir zuerst zu Wort? Suche dir aus den Rollen diejenige aus, die am besten zu dir passt.

Ziehe zufällig sechs Rollenkarten und bring sie in die Reihenfolge von »Passt super zu mir« bis »Passt gar nicht zu mir«.

Gemeinsam spontan. Zählt von drei runter – jede/r macht eine Bewegung, ein Geräusch oder einen Gesichtsausdruck zu dem, was ihm/ihr spontan zu »frei verbunden« in den Sinn kommt.

Expeditions- proviant

Bevor du dich auf den Weg machst, musst du dir zusammensuchen, was du wirklich für deine Expedition brauchst.

Versuche zuvor jeweils in einem Satz, einem Wort oder Symbol auszudrücken: »Das ist Verbundenheit | Gefangensein | Freisein für mich …«

Dietrich Bonhoeffer, der während des Nationalsozialismus am Widerstand beteiligt war, schrieb diese Worte im Gefängnis:

Tat

Nicht das Beliebige, sondern das Rechte tun und wagen,
nicht im Möglichen schweben,
das Wirkliche tapfer ergreifen,
nicht in der Flucht der Gedanken,
allein in der Tat ist die Freiheit.
Tritt aus ängstlichem Zögern heraus
in den Sturm des Geschehens,
nur von Gottes Gebot und
deinem Glauben getragen,
und die Freiheit wird deinen Geist
jauchzend empfangen.

Dietrich Bonhoeffer

Expeditionsproviant

Freiheit

So heißt ein Lied vom deutschen Rapper Curse. Du kannst es dir bei Youtube anhören. Schau dir auch den Text dazu an.

Expeditionsproviant

HERR, du hast mich erforscht und kennst mich genau.
Ob ich sitze oder stehe: Du weißt es. Meine Absicht erkennst du von fern.
Ob ich gehe oder ruhe: Du bemerkst es. Alle meine Wege sind dir bekannt.
Noch liegt mir kein Wort auf der Zunge, schon weißt du, Herr, was ich sagen will.
Von hinten und vorn hast du mich umschlossen. Und deine Hand hast du auf mich gelegt. Zu wunderbar ist dieses Wissen für mich. Es ist mir zu hoch: Ich kann es nicht fassen.
Ich hatte noch keine Gestalt gewonnen, da sahen deine Augen schon mein Wesen. Ja, alles steht in deinem Buch geschrieben: Die Tage meines Lebens sind vorgezeichnet, noch bevor ich zur Welt gekommen bin.
Wie kostbar sind für mich deine Gedanken, Gott! Wie zahlreich sind sie doch in ihrer Summe!
Wollte ich sie zählen: Es sind mehr als der Sand. Käme ich zum Ende: Noch immer bin ich bei dir.

Psalm 139,1-6 und 16-18

In einem Staat, das heißt in einer Gesellschaft, in der es Gesetze gibt, kann die Freiheit nur darin bestehen, das tun zu können, was man wollen darf, und nicht gezwungen zu sein, zu tun, was man nicht wollen darf. ... Freiheit ist das Recht, alles zu tun, was die Gesetze erlauben.

Charles de Montesquieu

DIE FREIHEIT DES GLAUBENS, DES GEWISSENS UND DIE FREIHEIT DES RELIGIÖSEN UND WELTANSCHAULICHEN BEKENNTNISSES SIND UNVERLETZLICH.

Grundgesetz, Artikel 4 (1)

Seid fruchtbar und vermehrt euch! Bevölkert die Erde und nehmt sie in Besitz! Herrscht über die Tiere im Meer und in der Luft! Bestimmt über das Vieh und alles Getier am Boden!

1. Buch Mose 1,28

Die Gedanken sind frei – So heißt ein deutsches Volkslied, dessen Text Ende des 18. Jahrhunderts das erste Mal auftauchte. Das Lied wurde vor allem dann gesungen und zitiert, wenn Menschen sich unterdrückt fühlten und ihre persönliche Freiheit gefährdet war. Wenn du dich mit dem Lied beschäftigst, wirst du sehen, wie häufig Text und Melodie auch heute noch von Künstlern verwendet werden. So zum Beispiel *Die Gedanken sind frei* von Gandayo Shorts oder eine Werbung von GMX. Beide Songs mit Video findest du bei Youtube.

Brüder und Schwestern, ihr seid zur Freiheit berufen!

Brief an die Galater 5,13

Zur Freiheit des Andern gehört all das, was wir unter Wesen, Eigenart, Veranlagung verstehen, gehören auch die Schwächen und Wunderlichkeiten, die unsere Geduld so hart beanspruchen, gehört alles, was die Fülle der Reibungen, Gegensätze und Zusammenstöße zwischen mir und dem Andern hervorbringt.

Dietrich Bonhoeffer

Der Mensch ist frei wie ein Vogel im Käfig. Er kann sich innerhalb gewisser Grenzen bewegen.

Johann Kaspar Lavater

Expeditionsproviant

> Die Freiheit des Menschen liegt nicht darin, dass er tun kann, was er will, sondern, dass er nicht tun muss, was er nicht will.
> — Jean-Jacques Rousseau

> Die Jugend verwechselt Freiheit mit Grenzenlosigkeit
> So lautet der Titel eines Artikels im Magazin Cicero.

> Und wo der Geist des Herrn wirkt, da herrscht Freiheit.
> — 2. Brief an die Korinther 3,17

> Alle Menschen sind frei und gleich an Würde und Rechten geboren. Sie sind mit Vernunft und Gewissen begabt und sollen einander im Geist der Brüderlichkeit begegnen.
> — Allgemeine Erklärung der Menschenrechte, Artikel 1

> Jeder hat das Recht auf die freie Entfaltung seiner Persönlichkeit, soweit er nicht die Rechte anderer verletzt.
> — Grundgesetz, Artikel 2 (1)

> Ich bin der Herr, dein Gott, der dich aus der Sklaverei in Ägypten befreit hat. Du sollst außer mir keine anderen Götter haben.
> — 2. Buch Mose 20,2-3

> Uneingeschränkte Freiheit führt zum Gegenteil von Freiheit.
> — Karl R. Popper

> Was du nicht willst, dass man dir tu, das füg auch keinem andern zu.
> — Deutsches Sprichwort

> Ein Christenmensch ist ein freier Herr über alle Dinge und niemand untertan.
> Ein Christenmensch ist ein dienstbarer Knecht aller Dinge und jedermann untertan.
>
> Martin Luther

»Ich darf alles!« –
Aber das heißt nicht,
dass auch alles gut für mich ist.
»Ich darf alles!« –
Aber das bedeutet nicht,
dass ich mich von irgendetwas beherrschen lasse.

1. Brief an die Korinther 6,12

Und die Schlange war listiger als alle Tiere auf dem Felde, die Gott der HERR gemacht hatte, und sprach zu der Frau: Ja, sollte Gott gesagt haben: Ihr sollt nicht essen von allen Bäumen im Garten? Da sprach die Frau zu der Schlange: Wir essen von den Früchten der Bäume im Garten; aber von den Früchten des Baumes mitten im Garten hat Gott gesagt: Esset nicht davon, rühret sie auch nicht an, dass ihr nicht sterbet! Da sprach die Schlange zur Frau: Ihr werdet keineswegs des Todes sterben, sondern Gott weiß: an dem Tage, da ihr davon esst, werden eure Augen aufgetan, und ihr werdet sein wie Gott und wissen, was gut und böse ist. Und die Frau sah, dass von dem Baum gut zu essen wäre und dass er eine Lust für die Augen wäre und verlockend, weil er klug machte. Und sie nahm von seiner Frucht und aß und gab ihrem Mann, der bei ihr war, auch davon und er aß. Da wurden ihnen beiden die Augen aufgetan und sie wurden gewahr, dass sie nackt waren, und flochten Feigenblätter zusammen und machten sich Schurze.

1. Buch Mose 3,1–7

Die Toten Hosen haben einen Song zu den Zehn Geboten geschrieben. Hör dir **Die Zehn Gebote** bei Youtube an.

"Hey, don't look at me — I was *against* free will."

Entdecken

Entscheide dich! Was nimmst du mit?
Was brauchst du für deine Expedition?

Markiere in verschiedenen Farben:
»Dieser Satz ist mir besonders wichtig.«
»Das finde ich gut/richtig.«
»Hm … Das verstehe ich nicht ganz!«
»Das will ich mir unbedingt merken.«
»Das stimmt nicht!«
»Was hat das bitte mit Freiheit zu tun?!«
…

Und was fange ich jetzt mit meiner Freiheit an?

- Wählt eine dieser Szenen: Sturmfrei! | Mein Konfigeld zur freien Verfügung | Mein erster eigener Urlaub | Ich werde 18!
- Wählt zu Beginn sechs Rollen, die eurer Meinung nach auf jeden Fall mitspielen sollten.
- Dann ziehen vier Personen verdeckt je eine Rolle und beginnen, sich über das ausgewählte Thema zu unterhalten. Überlegt euch einen passenden Ort für diese Szene!
- Alle anderen beobachten die Szene. Anschließend sind die nächsten an der Reihe und wählen ein neues Thema und einen anderen Ort.
- Wenn ihr fertig seid, überlegt: Wie haben sich die Szenen unterschieden? Was haben die unterschiedlichen Zusammensetzungen der Rollen für die Stimmung der Gespräche bedeutet?

Wie frei bin ich wirklich?

- Du triffst dich mit Freunden. Irgendwie kommt ihr auf das Thema »Zukunft«: Was für eine Ausbildung wollt ihr machen? Wollt ihr später eine eigene Familie? Heiraten, Kinder, ein eigenes Haus?
- In kleinen Gruppen wählt der Reihe nach jeweils eine Rolle, die euch am ehesten entspricht.
- Welche Freiheiten, Träume, Wünsche habt ihr?
- Welche Grenzen gibt es z. B. durch Bildung, Geld …?

Mitteilen

- Welches Zitat, Bild, oder Lied würdest du am ehesten über Facebook teilen, per WhatsApp verschicken, twittern …?

Du kennst mich?!

- Lies dir noch einmal die Worte aus Psalm 139 durch. Was denkst du über einen Gott, der alles über dich weiß? Findest du das gut und befreiend oder eher irritierend und einschränkend, wenn jemand dich so gut kennt? An welchen Stellen und wie würdest du den Text am liebsten ändern?
- Ziehe dann eine Rollenkarte. Wie würdest du aus dieser Rolle heraus auf die Fragen reagieren?
- Bildet Zweierteams. Jedes Team zieht eine Rollenkarte und versucht den Text so zu lesen, wie es der Rolle entspricht. Tragt den anderen eure Interpretation des Psalms vor. Stellt euch dazu einander gegenüber. Die eine Person schlüpft dabei in die Rolle Gottes, die andere trägt vor.

So bin ich!

- Entscheide dich für einen Satz, ein Bild oder ein Lied. Ziehe aus den Rollenkarten fünf zufällig heraus. Bringe sie in die Reihenfolge von »Genauso bin ich« bis »Der Typ bin ich nicht«.

Hat meine Freiheit Grenzen?

- Es entsteht ein Streit über ein Bild, das einer/eine von euch in Facebook gestellt hat. Die auf dem Bild abgebildete Person will das nicht. Es wird darüber gestritten, was man über den Kopf der Person hinweg ins Netz stellen darf und was nicht.
- Wo sind die Grenzen? Wann schränke ich die Freiheit anderer ein?
- Zieht in Gruppen mit je vier bis fünf Personen verdeckt Rollenkarten und führt ein Streitgespräch.

Menschlich

- Lies dir noch einmal die Geschichte von Adam, Eva und der Schlange aus dem Proviant durch. Was davor und danach passiert, kannst du in der Bibel im ersten Buch Mose, Kapitel 2 und 3 nachlesen.
- Wähle dann eine der beiden Personen, also Adam oder Eva, aus. Ziehe eine Rollenkarte und tritt als diese Person in die Szene mit der Schlange ein. Wie reagierst du als Eva oder als Adam?
- Wie verändert sich die Geschichte? Schreibe sie in einigen Sätzen weiter. Was passiert? Welche Auswirkungen hat das auf deine Freiheit und deine Verbundenheit mit anderen Menschen und mit Gott?

- In der Gruppe bildet ihr jeweils Dreierteams. Eine Person ist Eva, eine Adam und die dritte die Schlange. Nur Adam und Eva ziehen Rollenkarten, die Schlange bleibt so listig wie in der Geschichte. Nun spielt die Szene nach und handelt jeweils so, wie eure Rollen es tun würden.
- Auch ihr schreibt anschließend die Geschichte – zu euren Rollen passend – weiter. Wie fühlt ihr euch als Adam und Eva? Frei oder gefangen?

Entdecken

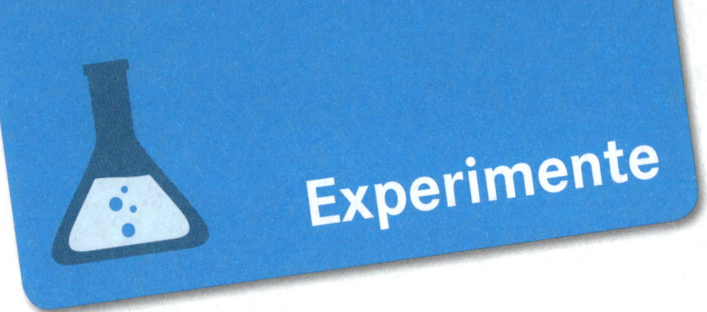

Experimente

Du hast dich viel mit deiner Freiheit und vielleicht auch mit der Freiheit von all den Menschen um dich herum beschäftigt. Vielleicht hat sich dein Bild vom Freisein ja verändert? Vielleicht ist auch eine deiner inneren Rollen stiller geworden und eine andere etwas lauter?
Probiere aus und entdecke weiter, wo in deinem Leben Freiheit auftaucht – und wo Verbunden- oder sogar Gefangensein.

Jaja
- Antworte einen Tag lang mal immer nur mit »Ja« oder »Nein«!
- Wie fühlt sich das an? Was erlebst du?

Verbunden
- Gestaltet ein gemeinsames Essen. Wenn es losgeht: Bindet euch zu zweit jeweils einen Arm aneinander. Dann könnt ihr gemeinsam kochen, das Essen vorbereiten, den Tisch decken, Platz nehmen und es euch schmecken lassen.
- Wie fühlt sich diese »Verbundenheit« an?

Flashmob

- Überlegt euch spontan einen Flashmob zum Thema *frei verbunden!*
- Als Orte eignen sich z. B. Fußgängerzonen, Straßenbahnen … genau da, wo sich viele Menschen aufhalten!

Balanceakt

- Schau dir bei Youtube den Kurzfilm *Balance* (1989) von Wolfgang und Christoph Lauenstein an, die hierfür sogar einen Oscar gewonnen haben.
- Wie wird die Welt und die Freiheit dargestellt? Gruppe vs. Einzelkämpfer – wo spielen sich in deinem Leben solche Szenen ab?

Freiheitskämpfer

- Wenn du dich mit weiteren Personen auseinandersetzen willst, die sich für ihre eigene Freiheit oder auch die Freiheit anderer Menschen eingesetzt und gekämpft haben, mache dich auf die Suche! Warum haben diese Menschen das getan? Wer und was hat ihnen dabei geholfen?

- Viele Menschen sind nicht frei … Überlegt euch, was ihr konkret für diese Menschen und gegen ihre »Gefangenschaft« machen könnt. Werdet aktiv!

Hier habt ihr Platz, eure Erfahrungen und Erlebnisse zu sammeln.

Rollentausch

- Schlüpfe doch für eine Woche mal in eine der Rollen! Du kannst zufällig eine Karte ziehen oder die auswählen, die dir am fremdesten ist. Beobachte aus dieser Rolle heraus deinen Alltag und entdecke, wo Freiheit, Verbunden- und Gefangensein auftauchen. Natürlich kannst du auch ausprobieren, aus dieser Rolle heraus auf Gesagtes oder Geschehenes zu reagieren!

Und noch viel mehr

- Du hast beim Expeditionsproviant markiert und angestrichen. Suche und recherchiere, was dir noch unklar ist oder unlogisch erscheint. Was findest du noch Spannendes?
- Infos zu Menschenrechten: »Deine Rechte – Vielfalt tut gut« http://www.menschenrechte.jugendnetz.de/rechte/alles-erlaubt
- Es gibt weltweit viele Menschen, die nicht in Freiheit leben können, aufgrund politischer Verhältnisse, ihrer Religion … Mehr Infos und Möglichkeiten, was du tun kannst, findest du z. B. unter:
  - Jugend für Amnesty: www.amnesty.de/jugend-fuer-amnesty
  - International Justice Mission: www.ijm-deutschland.de
- E – Wie Evangelisch. *Die Freiheit* bei Youtube: www.youtu.be/f5YjO9a-Rfk
- Was Freiheit für andere Menschen bedeutet: www.freun.de/freiheit-ist/
- Glaube und Freiheit: Was hat der Artikel *Glaube: Unsere Scheißangst* von Hannes Schrader auf www.zeit.de damit zu tun?

Experimente

2 endlich lebendig

Christian Butt

Forschungsanliegen

Sarahs Oma ist gestorben. Die 17-Jährige kommt in die Schule, ihre Freundinnen scharen sich um sie und versuchen sie zu trösten. Eine fragt: »Wann ist denn die Beerdigung von deiner Oma?« Sarah zuckt nur die Achseln und antwortet: »Ich weiß nicht genau. Donnerstag oder Freitag. Aber ich gehe da nicht hin. Dann werde ich nur noch trauriger und muss ständig heulen!«

Eine Szene mitten im eigenen Leben – und die Herausforderung, mit Tod und Abschied umzugehen. Wie machst du das? Darum geht es auf dieser Expedition: Sich mit Fragen über Leben und Endlichkeit auseinanderzusetzen.

Große und kleine Abschiede durchziehen dein Leben: Der letzte Tag im Kindergarten, die vierte Klasse der Grundschule, Schulwechsel, Schulabschluss, Abitur, von zu Hause ausziehen. Und tschüss! Mal nimmst du es locker, freust dich. Endlich vorbei! Mal bist du völlig fertig, kannst und willst es nicht begreifen. Du fühlst dich verletzlich und verwundbar.

Und dann gibt es noch diese Abschiede: Zerbrochene Freundschaften, kaputte Beziehungen, Liebesaus, Tod. Manchmal kündigen sie sich an, manchmal treffen sie dich komplett unvorbereitet, mitten ins Herz.

Ab und zu möchtest du »Stopp!« sagen, einfach abhauen. Und natürlich wäre es toll, wenn dir das alles nichts ausmachen würde. Doch geht das?

Vielleicht ist dein Weg, mit diesen schwierigen Themen umzugehen, ein anderer: Deine eigene Stärke zu finden, deine Lebendigkeit zu spüren, nicht auszuweichen, sondern zu lernen, mit den Stolpersteinen umzugehen. Aber wie? Was macht dich stark, wirklich stark? Was gibt dir Mut und Kraft, trotz der Trennungen, der Trau-

rigkeit und der vielen eigenen Grenzen weiterzumachen? Kannst du das überhaupt?

Fallen dir Situationen in deinem Leben ein, in denen du gemerkt hast: Überraschenderweise geht es weiter? Ein Lachen nach langer Traurigkeit, neue Kontakte nach einer schmerzlichen Trennung, ein erlösendes Wort nach drückendem Schweigen, Licht inmitten der Dunkelheit? Irgendwie (gar nicht so) kleine Wunder, die dich daran erinnern: Leben macht trotz aller Verluste, Grenzen und Schattenseiten Sinn!

Die dunklen und die hellen Momente des Lebens: Passen sie zusammen? Und wenn ja, wie? Gewinnt in deinem Leben immer nur eine Seite die Oberhand? Oder sind es doch eher zwei Seiten einer Medaille?

erkunden

Sicherlich hast du gerade besondere Augenblicke deines Lebens vor Augen, in denen du dich besonders lebendig oder sehr begrenzt gefühlt hast. Schreibe oder male jeweils drei solcher Situationen auf ein Blatt Papier oder fotografiere etwas, das dich an diese Augenblicke erinnert. Welche Motive und welche Farben drücken deine Gefühle aus?

Gestaltet Papiertüten zum Thema *endlich lebendig*. Die Außenseite bemalt ihr mit Lebensmotiven oder ihr sucht Zeitungsausschnitte und gestaltet eine Lebenscollage. Die Innenseite gestaltet mit Motiven zu Endlichkeit – auch dies ist als Collage möglich. Zeigt euch anschließend eure Ergebnisse.

Expeditions-proviant

Texte, Lieder, Bilder – du bist nicht die erste Person, die über Endlichkeit und Lebendigkeit nachdenkt. Schau dir den Proviant an. Vielleicht kannst du etwas für deine Expedition gebrauchen.

Wie jede Blüte welkt und jede Jugend
Dem Alter weicht, blüht jede Lebensstufe,
Blüht jede Weisheit auch und jede Tugend
Zu ihrer Zeit und darf nicht ewig dauern.
Es muß das Herz bei jedem Lebensrufe
Bereit zum Abschied sein und Neubeginne,
Um sich in Tapferkeit und ohne Trauern
In andre, neue Bindungen zu geben.
Und jedem Anfang wohnt ein Zauber inne,
Der uns beschützt und der uns hilft, zu leben.

Wir sollen heiter Raum um Raum durchschreiten,
An keinem wie an einer Heimat hängen,
Der Weltgeist will nicht fesseln uns und engen,
Er will uns Stuf' um Stufe heben, weiten.
Kaum sind wir heimisch einem Lebenskreise
Und traulich eingewohnt, so droht Erschlaffen,
Nur wer bereit zu Aufbruch ist und Reise,
Mag lähmender Gewöhnung sich entraffen.

Es wird vielleicht auch noch die Todesstunde
Uns neuen Räumen jung entgegensenden,
Des Lebens Ruf an uns wird niemals enden …
Wohlan denn, Herz, nimm Abschied und gesunde!

Stufen von Herrmann Hesse

Der Song
I did it my way
von Frank Sinatra, der oft gecovert wurde, findet immer wieder in Filmen Verwendung oder wird bei Sportveranstaltungen gespielt. Den Text findest du auf Englisch (oder auch auf Deutsch) im Internet. Bei Youtube kannst du reinhören.

Haltet die Welt an, so heißt ein Lied der Gruppe Glashaus. In ihm wird besungen, wie schwer es ist, einen geliebten Menschen zu verlieren. Hör es dir bei Youtube an.

One moment in time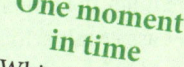
von Whitney Houston, die Hymne der Olympischen Spiele von 1988, fängt ganz gut das Lebensgefühl ein, gelungene (nicht nur sportliche) Momente des Lebens ganz auszukosten. Bei Youtube kannst du einmal reinhören und auch einen Blick auf den Text werfen.

Vom Stundenzeiger des Lebens. – Das Leben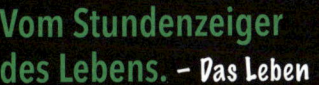
besteht aus seltenen einzelnen Momenten von höchster Bedeutsamkeit und unzählig vielen Intervallen, in denen uns bestenfalls die Schattenbilder jener Momente umschweben. Die Liebe, der Frühling, jede schöne Melodie, das Gebirge, der Mond, das Meer – Alles redet nur einmal ganz zum Herzen: wenn es überhaupt je ganz zu Worte kommt. Denn viele Menschen haben jene Momente gar nicht und sind selber Intervalle und Pausen in der Symphonie des wirklichen Lebens.
Friedrich Nietzsche

Expeditionsproviant

Es war einmal ein Junge. Er war mit nur einem Arm auf die Welt gekommen, der linke fehlte ihm. Nun war es so, dass sich der Junge für den Kampfsport interessierte. Er bat seine Eltern so lange darum, Unterricht in Judo nehmen zu können, bis sie nachgaben, obwohl sie wenig Sinn darin sahen, dass er mit seiner Behinderung diesen Sport wählte. Der Meister, bei dem der Junge lernte, brachte ihm einen einzigen Griff bei und den sollte der Junge wieder und wieder trainieren.

Nach einigen Wochen fragte der Junge: »Sag, Meister, sollte ich nicht mehrere Griffe lernen?«

Sein Lehrer antwortete: »Das ist der einzige Griff, den du beherrschen musst.«

Obwohl der Junge die Antwort nicht verstand, fügte er sich und trainierte weiter. Irgendwann kam das erste Turnier, an dem der Junge teilnahm. Und zu seiner Verblüffung gewann er die ersten Kämpfe mühelos. Mit den Runden steigerte sich auch die Fähigkeit seiner Gegner, aber er schaffte es bis zum Finale. Dort stand er einem Jungen gegenüber, der sehr viel größer, älter und kräftiger war als er. Auch hatte der viel mehr Erfahrungen. Einige regten an, diesen ungleichen Kampf abzusagen und auch der Junge zweifelte einen Moment, dass er eine Chance haben würde. Der Meister aber bestand auf dem Kampf. Im Moment einer Unachtsamkeit seines Gegners gelang es dem Jungen, seinen einzigen Griff anzuwenden – und mit diesem gewann er zum Erstaunen aller. Auf dem Heimweg sprachen der Meister und der Junge über den Kampf.

Der Junge fragte: »Wie war es möglich, dass ich mit nur einem einzigen Griff das Turnier gewinnen konnte?«

»Das hat zwei Gründe: Der Griff, den du beherrschst, ist einer der schwierigsten und besten Griffe im Judo. Darüber hinaus kann man sich gegen ihn nur verteidigen, indem man den linken Arm des Gegners zu fassen bekommt.« Und da wurde dem Jungen klar, dass seine größte Schwäche auch seine größte Stärke war.

Autor unbekannt

Dann sagte Jesus: »Ein Mann hatte zwei Söhne. Der jüngere sagte zum Vater: ›Vater, gib mir den Teil der Erbschaft, der mir zusteht.‹ Da teilte der Vater seinen Besitz unter den Söhnen auf. Ein paar Tage später machte der jüngere Sohn seinen Anteil zu Geld und wanderte in ein fernes Land aus. Dort verschleuderte er sein ganzes Vermögen durch ein verschwenderisches Leben. Als er alles ausgegeben hatte, brach in dem Land eine große Hungersnot aus. Auch er begann zu hungern. Da bat er einen der Bürger des Landes um Hilfe. Der schickte ihn aufs Feld zum Schweinehüten. Er wollte seinen Hunger mit den Futterschoten stillen, die die Schweine fraßen. Aber er bekam nichts davon. Da ging der Sohn in sich und dachte: ›Wie viele Arbeiter hat mein Vater und sie alle haben reichlich Brot zu essen. Aber ich komme hier vor Hunger um. Ich will zu meinem Vater gehen und zu ihm sagen: Vater, ich habe Schuld auf mich geladen – vor Gott und vor dir. Ich bin es nicht mehr wert, dein Sohn genannt zu werden. Nimm mich als Arbeiter in deinen Dienst.‹ So machte er sich auf den Weg zu seinem Vater. Sein Vater sah ihn schon von Weitem kommen und hatte Mitleid mit ihm. Er lief seinem Sohn entgegen, fiel ihm um den Hals und küsste ihn. Aber sein Sohn sagte zu ihm: ›Vater, ich habe Schuld auf mich geladen – vor Gott und vor dir. Ich bin es nicht mehr wert, dein Sohn genannt zu werden.‹ Doch der Vater befahl seinen Dienern: ›Holt schnell das schönste Gewand aus dem Haus und zieht es ihm an. Steckt ihm einen Ring an den Finger und bringt ihm Sandalen für die Füße. Dann holt das gemästete Kalb her und schlachtet es: Wir wollen essen und feiern! Denn mein Sohn hier war tot und ist wieder lebendig. Er war verloren und ist wiedergefunden.‹ Und sie begannen zu feiern. Der ältere Sohn war noch auf dem Feld. Als er zurückkam und sich dem Haus näherte, hörte er Musik und Tanz. Er rief einen der Diener zu sich und fragte: ›Was ist denn da los?‹ Der antwortete ihm: ›Dein Bruder ist zurückgekommen! Und dein Vater hat das gemästete Kalb schlachten lassen, weil er ihn gesund wiederhat.‹ Da wurde der ältere Sohn zornig. Er wollte nicht ins Haus gehen. Doch sein Vater kam zu ihm heraus und redete ihm gut zu. Aber er sagte zu seinem Vater: ›Sieh doch: So viele Jahre arbeite ich jetzt schon für dich! Nie war ich dir ungehorsam. Aber mir hast du noch nicht einmal einen Ziegenbock geschenkt, damit ich mit meinen Freunden feiern konnte. Aber der da, dein Sohn, hat dein Vermögen mit Huren vergeudet. Jetzt kommt er nach Hause, und du lässt gleich das gemästete Kalb für ihn schlachten.‹ Da sagte der Vater zu ihm: ›Mein lieber Junge, du bist immer bei mir. Und alles, was mir gehört, gehört auch dir. Aber jetzt mussten wir doch feiern und uns freuen: Denn dein Bruder hier war tot und ist wieder lebendig. Er war verloren und ist wiedergefunden.‹« Lukasevangelium 15,11–32

Expeditionsproviant

Es kommt nicht darauf an, dem Leben mehr Jahre zu geben, sondern den Jahren mehr Leben zu geben.

Alexis Carrel

Das Schicksal ist ein mieser Verräter

So lautet ein Buch(- und Film)titel von John Green.

Jeder hat das Recht auf Leben und körperliche Unversehrtheit.

Grundgesetz, Artikel 2 (2)

Dies ist der Tag, den der HERR macht; lasst uns freuen und fröhlich an ihm sein.

Psalm 118,24

> Leben ist das, was einem begegnet, während man auf seine Träume wartet.
> Autor unbekannt

Expeditionsproviant

> Wenn ich wüsste, dass morgen die Welt unterginge, würde ich heute noch ein Apfelbäumchen pflanzen.
> Martin Luther zugeschrieben

> Life is not a Ponyhof,
> Sometimes schön, but sometimes doof,
> Sometimes reiten, sometimes nicht,
> Sometimes Kür, but meistens Pflicht,
> Sometimes Liebe, sometimes Hass,
> Sometimes süß, but somestimes krass,
> Sometimes schön, but sometimes doof,
> life is not a Ponyhof.
> Barbara.

Das Leben braucht Mut

Ein Kurzfilm der Schweizerischen Unfallversicherung SUVA über den Satz: »Erfolg ist nie endgültig, Niederlagen sind es genauso wenig. Was zählt, ist der Mut weiterzumachen.« Das Video kannst du dir bei Youtube anschauen.

Von guten Mächten wunderbar geborgen,
erwarten wir getrost, was kommen mag.
Gott ist bei uns am Abend und am Morgen
und ganz gewiss an jedem neuen Tag.

...

Noch will das alte unsre Herzen quälen,
noch drückt uns böser Tage schwere Last.
Ach Herr, gib unsern aufgeschreckten Seelen
das Heil, für das du uns geschaffen hast.

...

Doch willst du uns noch einmal Freude schenken
an dieser Welt und ihrer Sonne Glanz,
dann wolln wir des Vergangenen gedenken,
und dann gehört dir unser Leben ganz.

Dietrich Bonhoeffer

Im Internet findest du den vollständigen Text. Bei Youtube kannst du dir das Lied mit unterschiedlichen Melodien anhören.

Von jedem Leid verschont zu bleiben –
nein, das wünsche ich dir nicht.

Dass dein künftiger Weg nur Rosen für dich trage –
nein, das wünsche ich dir nicht.

Dass du nie bittere Tränen weinen musst und
niemals Schmerz erfahren –
nein, auch das wünsche ich dir nicht.

In Tränen kann das Herz geläutert,
im Leid geadelt werden.

Schmerz und Not nehmen es auf in eine
besondere Gemeinschaft, deren Lächeln dich
heilen und segnen wird.

Alter irischer Segenswunsch

Expeditionsproviant

Entdecken

Gehe die Texte, Bilder, Filme und Lieder des Expeditionsproviants noch einmal durch. Stelle dir vor, du wärst Chefredakteur oder Chefredakteurin einer Zeitung und musst die Seiten kommentieren und überarbeiten. Was gefällt dir? Was findest du unmöglich? Was regt dich auf?

 Schreibe auf: »Das habe ich erkannt.« und »Das habe ich zum Thema zu sagen.«
 Ziehe anschließend verdeckt eine Rollenkarte und kommentiere aus der Rolle heraus, was du eben aufgeschrieben hast.
Bildet Zweierteams. Alle ziehen Rollenkarten und äußern sich jeweils dazu, was der/die andere aufgeschrieben hat.

Zur Geburt

- Stell dir vor, du könntest aus dem Expeditionsproviant einen einzigen Spruch oder eine Art Leitmotiv für (d)eine Geburtsanzeige aussuchen – das ist ja schon ein paar Tage her. Welchen Spruch findest du sinnvoll und würdest du aussuchen? Gestalte eine Karte.

Lebensberatung und Talkshow

- Stellt euch vor, ein Freund oder eine Freundin ist sterbenskrank und möchte seinem/ihrem Leben ein Ende setzen. Ihr sollt ihr/ihm und ihren/seinen Angehörigen zur Seite stehen. Darf man das? Macht das Leben angesichts von Krankheit wirklich keinen Sinn mehr? Gibt es andere Auswege?
- Zieht Rollenkarten und diskutiert das Thema. Je nach Anzahl der Teilnehmenden spielen einige Freunde und Freundinnen, andere Verwandte (Vater, Mutter, Geschwister). Auch kann einer in die Rolle des kranken Freundes oder der kranken Freundin schlüpfen.
- Als Variante könnt ihr dazu auch eine Talkshow inszenieren und dabei die Rollen verteilen. Alle Teilnehmenden ziehen Rollenkarten, um ihre Position zu vertreten. Das Thema ist dann Suizid und Sterbehilfe.

Interview

- Samuel Koch ist durch seinen Unfall in einer Fernsehsendung bekannt geworden. Seine Querschnittslähmung hat große Anteilnahme ausgelöst. Lest euch gemeinsam das Interview *Samuel Koch: »Gott gibt Kraft für jeden Tag«* mit ihm auf www.evangelisch.de durch.
- Zieht danach Rollenkarten und überlegt euch ein Interview mit ihm aus den unterschiedlichen Rollen heraus. Ihr könnt das Interview als Gruppe oder auch in Kleingruppen zu zweit oder dritt führen.
- Welche Unterschiede fallen euch im Vergleich mit dem gelesenen Interview auf? Wie und warum hat Samuel Koch jeweils anders reagiert?

Das passt!

- Ziehe zufällig eine Rollenkarte. Wähle den Proviant aus, der deiner Meinung nach am besten zu deiner Rolle passt. Erkläre, warum du diesen Text, dieses Bild oder dieses Lied gewählt hast. Schlüpfe dazu in die Rolle und/oder überlege dir eine passende Szene.

Statuen

- Bildet zwei Gruppen, sucht euch für eure Gruppe jeweils einen Text aus dem Proviant aus und wählt eine Person aus der Gruppe aus. Dieser Bildhauer oder diese Bildhauerin des ersten Teams modelliert nun aus den Mitspielenden eine Statue oder Statuenszene, die den Inhalt des Textes zum Ausdruck bringen soll. Wenn die Statue fertig ist, rät die andere Gruppe, um welchen Proviant es sich handelt. Anschließend ist das zweite Team an der Reihe.
- Sprecht danach darüber: Welchen Text habt ihr gewählt und warum? Warum habt ihr ihn so dargestellt? Wie hättet ihr ihn auch ausdrücken können?

Was meinst du?

- Im Expeditionsproviant habt ihr die Geschichte vom verlorenen Sohn gefunden. Jeder zieht eine Rollenkarte, aus deren Perspektive er den Text noch einmal für sich liest. Dann beginnt eine Person, aus der Rolle heraus den Bibeltext auf einem Blatt Papier zu kommentieren (maximal zwei Sätze). Das Blatt geht zur nächsten Person, die nun aus ihrer Rolle heraus an das Geschriebene anschließt. Dabei kann sie eine Position verstärken oder eine andere Meinung dagegensetzen. Am Ende werden alle Statements vorgelesen. Diskutiert nun, wie sich die unterschiedlichen Positionen auf eure Meinung ausgewirkt haben.
- Letzter Schritt: Jesus erzählt diese Geschichte, um seinen Zuhörern an der Figur des Vaters deutlich zu machen, wie man sich Gott vorstellen kann. Sprecht darüber, was für ein Bild von Gott die Geschichte malt! Was hat das mit euch zu tun?

Im Altersheim

- Stellt euch vor, ihr seid alt geworden und schaut auf euer Leben zurück. Ihr sitzt mit anderen Bewohnerinnen und Bewohnern eures Altersheims zusammen und unterhaltet euch über einen Text aus dem Proviant, den ihr vorher ausgesucht habt. Vier Leute nehmen in einer Runde Platz, ein weiterer Stuhl bleibt leer.
- Die Außenstehenden ziehen Rollenkarten und können in das Gespräch mit einsteigen, indem sie sich auf den freien Platz setzen. Nach spätestens ein bis zwei Minuten sollten sie den Kreis wieder verlassen.

Das Leben ist schön

- Ein ganz besonderer Filmhinweis ist dieser: *Das Leben ist schön* von Roberto Benigni. Der Film aus dem Jahr 1997 handelt davon, wie im zweiten Weltkrieg Guido seinem kleinem Sohn Giosuè im nationalsozialistischen Konzentrationslager vormacht, dass der Aufenthalt ein lustiges, aber kompliziertes Spiel sei. Sie müssen die Regeln genau einhalten, um am Ende als Sieger einen echten Panzer zu gewinnen. Guido unternimmt alles, um die Fassade der Täuschung aufrechtzuerhalten. In den Wirren des Kriegsendes bleibt der kleine Giosuè auf Anweisung seines Vaters versteckt, Guido allerdings wird erschossen. Das bekommt der Junge nicht mit, wird von den befreienden Truppen gefunden und denkt, er hätte das komplizierte Spiel gewonnen. Die letzten Worte des Filmes lauten: »Dies ist meine Geschichte, dies ist das Opfer, welches mein Vater erbracht hat, dies war sein Geschenk an mich. Wir haben das Spiel gewonnen.«
- Schaut euch den Film gemeinsam (oder auch allein) an. Habt dabei diese Fragen im Hinterkopf und sprecht nach dem Film darüber:
  - Wie ist es in einer solchen Situation möglich, dass das Kind Giosuè so fröhlich ist? In welcher konkreten Situation würde es euch helfen, diese nur als Spiel zu verstehen?

Experimente

Einiges aus dem Proviant und den Entdeckungen hat deine Zustimmung gefunden, anderes ist gar nicht dein Ding. Doch haben die ganzen Überlegungen auch was mit deinem Leben und deinem Alltag zu tun?

Wann sterbe ich?

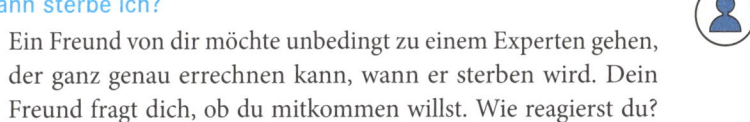

- Ein Freund von dir möchte unbedingt zu einem Experten gehen, der ganz genau errechnen kann, wann er sterben wird. Dein Freund fragt dich, ob du mitkommen willst. Wie reagierst du? Willst du das wirklich wissen und gehst mit?
- Im Internet findest du verschiedene Tests, mit denen du dein angebliches Todesdatum errechnen kannst. Traust du dich?

Mal was anderes

- Vieles in deinem Leben ist Routine. Vielleicht ist es einmal an der Zeit, etwas durcheinanderzubringen und zu merken, dass das eine neue Lebendigkeit mit sich bringt?
- Hier zwei Vorschläge (natürlich auch für euch als Gruppe):
  - Verkehrtherum-Tag: Zieh dir morgens das T-Shirt verkehrtherum an, beginne morgens mit dem Abendessen ...
  - Fremde Menschen ansprechen: In der Schule, an der Arbeit, im Bus oder in der Straßenbahn begegnen dir regelmäßig Menschen, mit denen du noch nie gesprochen hast. Sprich sie einfach mal an und versuche, mit ihnen ins Gespräch zu kommen!
- Wie reagierst du, wie reagieren die anderen?

Momente des Lebens

- *Our beautiful life* von Lukas Miller ist ein Kurzfilm, der berührende Momente des Lebens festhält und kombiniert. Schau ihn dir bei Youtube an. Vielleicht hast du auch Lust, einen solchen Film zu machen?
- Versuche, einen Film über deinen Tag oder deine Woche zu drehen. Welche Szenen fallen dir ein? Mache dich auf die Suche!
- Ihr könnt den Film auch gemeinsam drehen.

Lebenssymbole

- Bringe jeden Tag Lebensboten mit nach Hause, die dir über den Weg gelaufen sind, und sammle sie auf der Fensterbank: ein Zweig, einen Stein, ein schöner Satz, der dir gesagt wurde ...

Was wirklich zählt

- Ältere Menschen haben in ihrem Leben viele Erfahrungen gesammelt. Stellt älteren Menschen auf der Straße die Frage: »Was ist die wichtigste Lehre fürs Leben und was wollen Sie jungen Menschen mit auf den Weg geben?«

Ein besonderer Ort

- Gerade in größeren Städten lohnt sich der Besuch eines Friedhofes. Es sind besondere Orte. Mache dich auf die Suche und fotografiere die originellsten Sprüche und Gestaltungen von Gräbern. – Gerne auch gemeinsam.

Kunstgalerie

- Wie wäre es mit einer gemeinsamen Kunstausstellung zum Thema *endlich lebendig*? Sucht euch einen Ausstellungsraum, eine Kirche, ein Krankenhaus oder einfach einen Ort im Freien … Ihr könnt selbst Bilder gestalten, Fotos machen, Gegenstände installieren oder Videos drehen.

Lebenshilfe endlich lebendig

- Vielleicht ist das Kapitel auch ein Anstoß, über den eigenen Tellerrand hinauszuschauen und zu erkennen, dass das Thema *endlich lebendig* für viele Menschen auf dieser Erde jeden Tag hautnah und existenziell ist.
    - Recherchiere, welche Organisationen und Hilfsprogramme in welchen Ländern helfen und welche Projekte sie betreiben.
    - Erforsche, wo und wie sich auch Jugendliche engagieren können.
    - Welche Möglichkeiten sprechen dich an? Kannst du dir vorstellen, bei einer der Organisationen, die du gefunden hast, mitzumachen und in ein anderes Land zu gehen?
    - Und wie könnt ihr schon hier und heute aktiv werden? Gibt es Möglichkeiten, in eurer Schule, in einem Verein oder der Kirchengemeinde ein Projekt anzustoßen?
    - Überlegt euch ein Projekt mit dem Titel *endlich lebendig!* Wer kann euch beraten, wer euch unterstützen?

3 sicher risikobereit

Florian Geith

Forschungsanliegen

Ich spüre mein Herz bis in den Hals schlagen. Nur noch einen Schritt nach hinten und mich in meinen Klettergurt lehnen. Ich weiß, mir kann nichts passieren. Ich bin fest ins Seil eingebunden und sogar doppelt gesichert. Und ich wollte ja auch unbedingt bei der Abseilaktion mitmachen. Ich wollte mutig sein wie die anderen, die eigenen Grenzen überschreiten und mal etwas wagen, den Kick spüren. Aber jetzt verlässt mich jeder Mut. Was denken die anderen jetzt bloß von mir, wenn sie mich so ängstlich erleben? Ich mag nicht mein Gesicht verlieren, in der Gruppe in Zukunft nicht das Weichei sein. Die anderen meckern schon. Sie wollen auch drankommen. Der Typ, der mich sichert, sagt, er zähle jetzt leise bis zehn – dann müsse ich mich entscheiden …

Hast du eine ähnliche Situation schon einmal erlebt? Ich muss ja nicht erst auf der Kante eines Felsmassivs stehen, um die innere Zerrissenheit nachvollziehen zu können, die ich im Leben manchmal fühle: Ich möchte gerne aufbrechen, Neues entdecken und dafür

auch mal was riskieren. Aber dennoch sehne ich mich nach Geborgenheit, nach Vertrautheit und nach Menschen, auf die ich mich verlassen kann. Aber was hindert mich daran, meine sichere Komfortzone zu verlassen? Und wer entscheidet darüber, welcher Weg der richtige für mich ist? Was bin ich bereit zu riskieren, um meine Ideen oder geheimen Wünsche in die Tat umzusetzen?

Keine Phase des Lebens ist so sehr von Übergängen geprägt wie die Zeit der Kindheit und Jugend. Die damit verbundenen Entscheidungs- und Erfolgserwartungen können auch unter Druck setzen.

Ich würde mich so gerne mal frei und ungebunden fühlen. Wären da nicht die Leute, die ständig an mir herumzerren. Die Eltern, die Lehrer – alle wollen nur mein Bestes, aber keiner fragt mich, was wirklich gut für mich ist. Ich wünsche mir oft Freiräume, wo ich mich nicht immer gleich festlegen oder an meine Zukunft denken muss. Zeit, in der nichts ist, in der ich mich ausprobieren kann und auch mal Fehler machen darf.

Oder die Situation neulich bei der Berufsberatung: Die Fülle der Ausbildungs- und Studienmöglichkeiten hat mich fast erschlagen. Da blicke ich kaum noch durch. Und immer wieder diese Tipps, mit welcher Ausbildung man die sichersten Zukunftsperspektiven hat. Dabei will ich das alles jetzt überhaupt noch nicht entscheiden! Eigentlich möchte ich viel lieber mal etwas ganz anderes machen. In einem Entwicklungshilfeprojekt in Indien mitarbeiten, in einer Wildauffangstation in Kanada oder einfach nur mit dem Rucksack durch die Welt ziehen. Aber traue ich mich das? Und was hindert mich daran?

erkunden

Geh auf eine innere Erkundungstour! Begib dich nach draußen in ein überschaubares Wald- oder Wiesenstück mit einigen Hindernissen (z. B. Bäumen, Sträuchern, Steinen, Gräben usw.). Dann suchst du dir ein markantes Ziel in ca. 30 bis 40 Metern Entfernung, z. B. einen Baum. Präge dir mit deinen Augen vom Ausgangspunkt aus den sichersten Weg dahin ein. Nun verbindest du dir die Augen und begibst dich auf den Weg. Taste dich vorsichtig voran, achte auf den Weg und erinnere dich an die Hindernisse. So versuchst du, das Ziel zu erreichen.

Du bist (vielleicht) am Ziel angekommen und kannst die Augenbinde abnehmen. Setze dich hin, blicke auf den Weg zurück und denke nach:
Wie schwer ist es dir gefallen, die Sicherheit des Sehens aufzugeben? Was hat dir Orientierung gegeben auf dem Weg in die Unsicherheit? Musstest du dich sehr überwinden, den Schritt ins Ungewisse zu gehen?

In einem zweiten Schritt versuche, die Erfahrungen der Übung auf dein Leben zu übertragen:
- Wie risikobereit bist du?
- Gibt es für dich Ziele im Leben, für die es sich lohnt, sich mit aller Kraft einzusetzen?
- Wie ist es, wenn du an deine Grenzen kommst? Neigst du dazu, dich zurückzuziehen, oder spürst du eher das Bedürfnis, über deine Grenzen hinauszugehen?
- Was sind deine Grenzen, an die du stößt, und wo in deinem Alltag gibt es Situationen voller Risiko?

Diese Erkundungstour könnt ihr natürlich auch in einer Gruppe machen. Besprecht die Fragen dann mit den anderen Teilnehmenden.

Expeditionsproviant

Für eine Expedition ist es wichtig, gut gerüstet zu sein. Für den »Rucksack« zu Beginn der Expedition gilt es nun Proviant einzupacken, damit dir die Puste nicht ausgeht und der Mut dich nicht verlässt. Vielleicht erscheint dir von dem Expeditionsproviant im Folgenden etwas besonders schmackhaft.

Ich hebe meine Augen auf zu den Bergen.
Woher kommt mir Hilfe?
Meine Hilfe kommt vom HERRN,
der Himmel und Erde gemacht hat.
Er wird deinen Fuß nicht gleiten lassen,
und der dich behütet, schläft nicht.
Siehe, der Hüter Israels
schläft noch schlummert nicht.
Der HERR behütet dich;
der HERR ist dein Schatten über deiner rechten Hand,
dass dich des Tages die Sonne nicht steche
noch der Mond des Nachts.
Der HERR behüte dich vor allem Übel,
er behüte deine Seele.
Der HERR behüte deinen Ausgang und Eingang
von nun an bis in Ewigkeit!

Psalm 121

Wenn ich manche Menschen sehe, ihr Gesicht, ihre Augen, ihre Haltung, dann muss ich an verriegelte Türen, an verschlossene Fensterläden denken, an ein Haus mit dem Schild »Zutritt verboten«! Manche Menschen leben wie in einem Gefängnis, in das sie sich selbst eingesperrt und dessen Gitter sie selbst gemacht haben. Gitter der Unzufriedenheit und Wehleidigkeit, der Enttäuschungen und Verbitterung. Komm heraus aus dir selbst, aus deinem eigenen Ich! Öffne die vergitterten Fenster und die verriegelten Türen. Befreie dich selbst. Draußen ist der Frühling! Komme an das Licht wie die Blume. Komm heraus in die Natur, ins Leben zu den Menschen. Mach dich auf, öffne dich für Freude, für das Lied, für das Wunder, dass du lebst.

Phil Bosmans

Am Abend dieses Tages sagte Jesus zu seinen Jüngern: »Wir wollen ans andere Ufer fahren.« Sie ließen die Volksmenge zurück. Dann fuhren sie mit dem Boot los, in dem er saß. Auch andere Boote fuhren mit. Da kam ein starker Sturm auf. Die Wellen schlugen ins Boot hinein, sodass es schon volllief. Jesus schlief hinten im Boot auf einem Kissen. Seine Jünger weckten ihn und riefen: »Lehrer! Macht es dir nichts aus, dass wir untergehen?« Jesus stand auf, bedrohte den Wind und sagte zu dem See: »Werde ruhig! Sei still!« Da legte sich der Wind und es wurde ganz still. Und Jesus fragte die Jünger: »Warum habt ihr solche Angst? Wo ist euer Glaube?«

Markusevangelium 4,35–40

Als der englische Bergsteiger George Mallory im Jahr 1924 gefragt wurde, warum er unbedingt sein Leben riskieren will, als erster den Mount Everest zu besteigen, antwortete er: »Weil er da ist!«

Stark heißt ein Song von Ich + Ich. Du findest ihn bei Youtube. Lies dir auch den Text durch. Was hat er mit Sicherheit und Risiko zu tun?

> Die Sicherheit lässt die Gefahr nicht in Vergessenheit geraten, und das Überleben lässt das Sterben nicht in Vergessenheit geraten.
> — Chinesisches Sprichwort

> Die Zukunft hat viele Namen: Für Schwache ist sie das Unerreichbare, für die Furchtsamen das Unbekannte, für die Mutigen die Chance.
> — Victor Hugo

> Der Umgang mit Altersgenossen ist angenehmer, der mit Älteren sicherer.
> — Ambrosius von Mailand

Expeditionsproviant

> Wer bei sich selbst stehen bleibt, kommt nicht weit. Aufregend wird das Leben erst dann, wenn wir uns herausrufen lassen über die eigenen Grenzen hinaus.
> — Franz Kamphaus

> Die große Herausforderung besteht darin, überhaupt aufzubrechen, vermeintliche Sicherheiten hinter sich zu lassen und stattdessen der Ungewissheit des Weges zu begegnen. Der Weg entsteht dann wie von selbst.
> — Gregor Sieböck

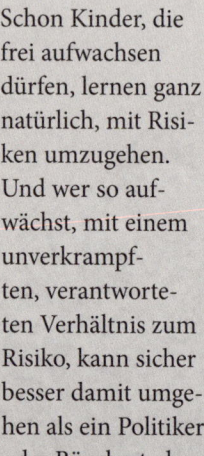

Expeditionsproviant

Schon Kinder, die frei aufwachsen dürfen, lernen ganz natürlich, mit Risiken umzugehen. Und wer so aufwächst, mit einem unverkrampften, verantworteten Verhältnis zum Risiko, kann sicher besser damit umgehen als ein Politiker oder Bürokrat, der das vom Schreibtisch aus beurteilen möchte. Diese Freiheit muss man den Menschen geben, selbst wenn Fehler unterlaufen. Freiheitsentzug ist eine Entmündigung. Und darüber hinaus wäre es auch ein Verhindern von Leistung und ein Verhindern von Glück durch Erleben selbstbestimmten Wachsens und Reifens. […] Freiheit zum Wagnis ist auch deswegen zu fordern, weil man im Wagnis viel über das Leben und über sich selbst lernt. Wagnis ist ein Impulsgeber für Höchstleistungen. Wagnisverweigerung ist eine Charakterschwäche. […] In der Natur des Menschen ist ein Streben angelegt, besser zu werden, seine eigenen Potenziale kennenzulernen und zu nutzen. Das beweisen schon Kinder mit ihrem Drang zu Mutproben. Aber auch Hochwertiges zu schaffen, sich einen Namen zu machen, über sich hinauszuwachsen – das alles ist legitim und entspricht der Natur des Menschen. Aristoteles nannte das »Entelechie«. Entelechie beinhaltet das Bestreben zu realisieren, was man als Möglichkeit in sich spürt. Bedeutet, Träume zu verwirklichen, bedeutet, eine Vorstellung von sich selbst zu entdecken und zu entfalten.

Siegbert Warwitz

Ich wäre gern viel größer. Ich hätte gerne mehr Geld.
Ich würde gern mehr reisen, am liebsten um die ganze Welt.
Ich hätte gerne blaue Augen und etwas mehr Gelassenheit.
Ich würd gern Menschenleben retten. Ich hätte gern mehr Zeit.
Es ist nicht immer leicht, ich zu sein.
Manchmal ist es sogar sauschwer.
Es ist nicht immer leicht, ich zu sein.
Manchmal wär ich lieber sonstwer.

Wise Guys

Den Song **Es ist nicht immer leicht** von den Wise Guys kannst du dir bei Youtube anhören. Den ganzen Text findest du unter www.wise-guys.de/songtexte

Als Jesus am See Gennesaret entlangging, sah er zwei Brüder: Simon, der Petrus genannt wird, und seinen Bruder Andreas. Sie warfen gerade ihre Netze in den See aus, denn sie waren Fischer. Jesus sagte zu ihnen: »Kommt, folgt mir! Ich mache euch zu Menschenfischern!« Sofort ließen sie ihre Netze liegen und folgten ihm.

Matthäusevangelium 4,18–20

Suche dir einen Text aus dem Proviant heraus, der dir besonders gut gefällt, und einen, mit dem du gar nichts anfangen kannst. Nun ziehe zwei Rollenkarten oder wähle zwei gegensätzliche Typen und überlege dir, was diese zu den Texten sagen würden.

In einer Gruppe wählt ihr jeweils drei Texte aus dem Proviant. Alle ziehen eine Rollenkarte. Aus den Rollen heraus sprecht ihr über die Texte.

Entdecken

Im Expeditionsproviant hast du eine Reihe von Sprüchen über Wagnisse und Freiheit, Aufbrüche und Vertrauen, Risiko und mehr gefunden. Was kannst du damit anfangen?

So bin ich

- Schau dir die Sprüche in Ruhe an und entscheide dich für den Text, der dich am meisten anspricht. Du hast zusätzlich zum Expeditionsproviant verschiedene Rollenkarten. Versuche jetzt einmal, anhand der verschiedenen Charaktere die Rolle herauszufinden, die dich am besten beschreibt.

Selbstbild

- Nimm das eben ausgewählte Zitat an dich und ziehe dich an einen stillen Ort zurück – am besten nach draußen in die Natur, in ein nahes Wald- oder Wiesenstück mit üppiger Vegetation, ähnlich wie bei der Übung zu Beginn.
- Nun frage dich selbst: Was hat dich bei diesem Text angesprochen? Erkennst du dich darin wieder, so wie du bist – mit all deinen Sehnsüchten, Wünschen und Begrenzungen? Oder wärst du nur gerne so, wie es der Spruch wiedergibt? Setze Spruch und Rolle zueinander in Beziehung. Welche Gedanken hast du dabei und was lösen sie in dir aus?
- Du hast einen Faden von ca. drei Metern Länge dabei. Markiere dir damit auf dem Boden ein abgegrenztes Feld. Nun sammelst du aus der Umgebung Naturmaterialien (kleine Äste, Blumen, Gräser usw.) und legst damit ein Bild, das am besten dein Selbstbild beschreibt, d.h. so wie du dich siehst – mit all den Sehnsüchten, Wünschen, Hoffnungen, Ecken und Kanten, Ängsten und Fähigkeiten.

- Tipp: Fotografiere das Naturbild und nimm es als Hintergrundbild für dein Smartphone.
- Wenn du möchtest, kannst du es im Anschluss jemandem aus deiner Gruppe erklären.

Wagnis

- Suche dir Beraterinnen und Berater, indem du fünf Rollenkarten ziehst. Formuliere aus den Rollen heraus jeweils eine Antwort auf die Frage: Wie viel Wagnis ist gut für mich?

Vertrauen wagen

- Du hast dich bisher überwiegend mit der Frage beschäftigt, wer du selbst bist. Aber du weißt, dass niemand allein für sich lebt. Trotz aller Sehnsucht, mal Neues zu wagen oder auszubrechen, gibt es Menschen, auf die du nicht verzichten magst. Daher suche dir für die nächsten Schritte Menschen, mit denen du die »Expedition ins Leben« gemeinsam weiterführen möchtest.
- Nehmt euch aus dem Proviant den Text von der Berufung der ersten Jünger Jesu. Lest ihn gemeinsam durch und unterhaltet euch darüber, was die Jünger wohl bewogen hat, diesem Mann blind zu vertrauen, alles stehen und liegen zu lassen, um ihm zu folgen.

Vertrauen ist gut, Kontrolle ist besser!

- Jede/Jeder wählt die Rollenkarte aus, die ihrer/seiner Meinung zu diesem Satz am ehesten entspricht. Handelt und tauscht solange eure Rollenkarten mit den anderen in der Gruppe, bis ihr das Gefühl habt, genau die Karte zu haben, die zu eurer Meinung passt. Begründet die Wahl eurer Karten.

Gegenseitiges Vertrauen
- Mit den folgenden Übungen lasst ihr euch als Gruppe aufeinander ein und begebt euch nach und nach in die Hände der anderen.
  - Ihr beginnt mit einem 10 bis 12 Meter langen elastischen Gymnastikband, das zu einem Ring vernäht ist. Stellt euch als Gruppe in das Band hinein und lehnt euch soweit zurück, bis ihr euch gegenseitig haltet. Balanciert euch so aus, dass niemand mehr fest auf den eigenen Füßen steht, sondern bequem im Band liegt.
  - Stellt euch Schulter an Schulter zu einem Kreis auf. In der Mitte steht eine Person. Sie hat die Augen geschlossen und macht sich steif wie ein Stock. Wenn die Gruppe einen festen Stand hat, beginnt die Person in der Mitte, sich langsam in eine Richtung fallen zu lassen. Die Gruppe muss einen Sturz verhindern und pendelt die Person sanft durch den Kreis.
  - Die Gruppe teilt sich in zwei Hälften und stellt sich so gegenüber, dass eine Gasse entsteht – mit einem Abstand von einer Armeslänge. Die Gasse wird durch das Ausstrecken der Arme geschlossen. Der Reihe nach dürfen nun alle, die möchten, einmal durch diese Gasse laufen. Die Geschwindigkeit bestimmt jeder Läufer und jede Läuferin selbst. Erreicht der oder die Laufende die Gasse, reißen die Mitspielenden nacheinander ihre Arme kurz in die Höhe.
- Nach den Übungen setzt euch zusammen und redet über eure Erfahrungen. Diese Fragen helfen euch dabei:
  - Wie hast du dich gefühlt?
  - Konntest du vertrauen oder hat dich etwas daran gehindert?
  - Warst du bereit, einmal deine Selbstkontrolle aufzugeben?
  - Haben die Erfahrungen dich und dein Verhältnis zur Gruppe beeinflusst oder verändert?
  - Hat sich deine Rollenkarte bzw. dein Selbstbild in dem Naturbild bestätigt oder hast du ganz neue Seiten an dir entdeckt?

Experimente

Du hast einige Übungen ausprobiert, dich selbst und andere erlebt. Manche haben Überwindung gekostet, andere sind dir leichter gefallen, als du dachtest. Du hast im Proviant gelesen und gehört, dass du nicht allein bist mit der Frage, wer du bist, mit der Sehnsucht nach Abenteuer und Risiko, aber auch mit der Erfahrung der Unsicherheit und des Scheiterns. Du kennst das Hin und Her zwischen der Suche nach neuen Herausforderungen und dem Bedürfnis nach vertrauten Strukturen, die Sicherheit und Geborgenheit bieten.

Nun lass dich auf ein Abenteuer ein. Etwas Neues wagen, ohne deine Gesundheit zu riskieren.

Das Biwak
- Stell dir vor, du musst eine Nacht unter freiem Himmel verbringen. Weit genug weg vom nächsten Ort, dem Parkplatz oder dem Telefon, um das Experiment abzubrechen. Du willst etwas wagen, aber nicht deinen Kopf riskieren. Um zu experimentieren, braucht es Mut und Risikobereitschaft, aber ebenso einen klaren Kopf und eine gute Planung, damit das Experiment gelingt.

Vorbereitung

- Mitten im Wald – gut fünf Kilometer vom nächsten Ort entfernt – auf einer romantischen Lichtung, einer Anhöhe oder in einer Burgruine wirst du dein Nachtlager errichten. Alles, was du brauchst, um die Nacht gut zu überstehen, hast du in deinem Rucksack dabei. Einmal angekommen, hast du keine Möglichkeit mehr, etwas Vergessenes noch schnell zu holen. Du musst mit dem auskommen, was du dabei hast.
- Nimm dir Zeit und überlege genau für dich:
Was brauche ich, um solch eine Nacht unter freiem Himmel gut und bequem zu überstehen? Ich will mich wohl und sicher fühlen. Ich möchte nicht frieren, nicht hungern und

gegen Unannehmlichkeiten gerüstet sein. Was brauche ich alles dazu? Denke aber daran: Du musst auch alles tragen können.
- Zusätzlich brauchst du zwei Dinge, die du einpacken musst:
  - Zum Proviant gehören nicht nur Material und Verpflegung, sondern auch der Spruch, den du dir zu Beginn bei deinem Selbstbild ausgesucht hast. Nimm ihn mit und bewahre ihn für abends auf.
  - Überlege dir eine kleine Überraschung für den Abend oder die Nacht, mit der du der Gruppe eine Freude machen kannst. Das kann eine Geschichte sein, ein Stück Schokolade für jeden … Deiner Fantasie sind keine Grenzen gesetzt!

Es geht los!

- Nur gemeinsam erreicht man große Ziele. Gemeinsam kann man sich gegenseitig unterstützen, Mut zusprechen, trösten und genießen.
- Du wirst die Nacht nicht allein im Wald verbringen. Du bist mit anderen unterwegs. Daher beantwortet jeder und jede zuerst die Frage »Was brauche ich für die Nacht unter freiem Himmel?« und schreibt die Sachen für sich auf.
- Danach kommt ihr in der Gruppe zusammen. Ihr habt nun die Aufgabe, als Gruppe zu entscheiden: »Was brauchen wir für die Nacht?« Einigt euch auf die wichtigsten Dinge. Passt auf, dass nichts fehlt und ihr nichts doppelt einpackt. Legt fest, wer was besorgt und wer was trägt. Tauscht euch über die Bedingungen aus, die für das Gelingen der Aktion entscheidend sind. Vergesst nicht eure eigenen Bedürfnisse und überseht nicht die Bedürfnisse anderer.
- Ihr habt nun alles und seid startklar. Die Rucksäcke sind fertig gepackt – ein letzter Check, ob ihr an alles gedacht habt (auch an eure Überraschung?!). Dann blickt euch an und fragt euch: »Sind wir bereit, das Abenteuer zu wagen?« Wenn jeder und jede einzelne gesagt hat »Ja, ich bin bereit!«, macht ihr euch auf den Weg.

Am Ziel

- Ihr seid angelangt und habt es euch an eurem Nachtlager gemütlich gemacht. Ihr seid gesättigt und die Nacht bricht herein. Die Welt wird für eine Nacht nur aus eurer Gemeinschaft bestehen und nur so weit reichen, wie das Licht der Kerze oder des Lagerfeuers. Setzt euch zusammen und lasst die Aktion an euch vorüberziehen. Sagt euch einfach mal ehrlich, wie ihr euch in genau diesem Moment fühlt. Es darf alles gesagt werden, nichts wird kommentiert oder diskutiert.
- Nehmt danach euren Spruch aus dem Reiseproviant hervor. Lest ihn nacheinander der Gruppe vor.
- Jetzt habt ihr zwei Möglichkeiten.
    - Entweder: Wer möchte, kann ein paar Sätze dazu sagen, warum er oder sie genau diesen Spruch gewählt hat. Die anderen dürfen dabei nachfragen.

Experimente

- Oder: Jeder/Jede liest den Satz unkommentiert vor. Die Gruppe darf darauf reagieren mit einem Satz wie: »Ich glaube, du hast dir den Spruch ausgesucht, weil …« oder »Der Spruch passt zu dir, weil …«.

- Jetzt wird es Zeit für eure Überraschung, mit der ihr euch gegenseitig eine Freude macht, den vielleicht anstrengenden Weg oder das Unbehagen in der nächtlichen Einsamkeit vergesst. Genießt eure Gemeinschaft, den Augenblick und euer Abenteuer.

Der nächste Tag
- Es wird langsam Morgen. Die Dämmerung bricht an und die ersten Vogelstimmen sind zu hören. Je nachdem, wo ihr euer Lager aufgeschlagen habt, ist der Schlafsack feucht vom Morgentau. Ihr schaut nach den anderen, die ersten räkeln sich bereits in ihren warmen Daunen. Nun brechen die ersten Sonnenstrahlen durch die Bäume und wärmen eure Gesichter. Packt eure Sachen und begebt euch auf den Heimweg.
- Am Ausgangspunkt angekommen, lasst die Erlebnisse der vergangenen Nacht an euch vorüberziehen und fragt euch:
  - Wie hast du dich gefühlt? Wie war es in der Gruppe?
  - Was hat sich nach der Nacht verändert? Bei dir und in der Gruppe?
  - Welche Erfahrungen kannst du in deinen Alltag mitnehmen?

Zum Schluss
- Ihr habt euer Abenteuer gemeinsam überstanden. Es ist aber nicht spurlos an euch vorübergegangen. Eure Gruppe ist über Nacht eine andere geworden. Ihr habt nicht nur selbst ganz persönliche Erfahrungen gemacht, sondern auch an jedem und jeder Einzelnen der Gruppe ganz neue Seiten entdeckt. Klebt euch nun gegenseitig ein weißes Blatt Papier auf den Rücken. Jeder und jede hat einen Stift zur Hand und schreibt den anderen Personen der Gruppe etwas Nettes, Ermutigendes, Wertschätzendes auf den Rücken. Danach nehmt das Blatt von eurem Rücken und lest euch das Geschriebene vor.
- Damit beendet ihr das Abenteuer und wagt euer Leben: Sicher, aber risikobereit!

Experimente

4 erfolgreich gescheitert

Astrid Thiele-Petersen

Forschungsanliegen

Ich hab' es nicht geschafft, es hat mal wieder nicht gereicht. Ich hab' verloren, bin durchgefallen, sitzengeblieben, verlassen worden. Versager, Loser nennen sie mich. Wie soll ich denn nicht an mir zweifeln, wenn mir so gar nichts gelingt? Wie soll ich mich da nicht fragen: Bin ich noch etwas wert?

Forschungsanliegen

Im Leben geht es oft um Leistung. Wir erleben in unserem Alltag, dass wir danach beurteilt werden, was wir tun: als Schüler oder Schülerin, in der Ausbildung und im Studium bei der Notenvergabe oder im Sport, wenn es darum geht, wer für die Mannschaft aufgestellt wird.

Wie und wo erfahre ich aber, dass ich etwas wert bin, ohne etwas Besonderes zu leisten oder zu können – einfach so, weil ich ICH bin?

Woher soll ich mein Selbstvertrauen nehmen? Und wie kann ich lernen, mit eigenen Misserfolgen umzugehen? Liegt im Scheitern auch eine Chance auf Erfolg?

Erfolg ist etwas Tolles: Auf dem Siegertreppchen ganz oben stehen, den Applaus bekommen, die Klassenbeste sein, ein Vorstellungsgespräch meistern und den Job bekommen. Erfolg kann auch bedeuten, mich zu überwinden und etwas zu schaffen, vor dem ich vorher Angst hatte.

Aber ist das alles im Leben? Wieviel ist der Erfolg wert, und was will ich einsetzen oder aufgeben, um erfolgreich zu sein?

Auch wenn die »verdiente« Anerkennung ein Grundbedürfnis des Menschen ist, ist auch Scheitern neuerdings angesagt: Wer nicht mit seinen Erfolgen angibt, sondern dazu steht, dass etwas misslungen ist, dass er etwas nicht geschafft hat, wirkt glaubwürdig und ehrlich. Ist das cool? Viele Leute sagen: Es kommt nicht darauf an, ob jemand etwas leistet, sondern wie jemand ist. Aber gehört nicht das, was ich leiste, zu meinem Wesen dazu? Kann ich eigentlich ich selbst sein, wenn ich mich erfolglos fühle?

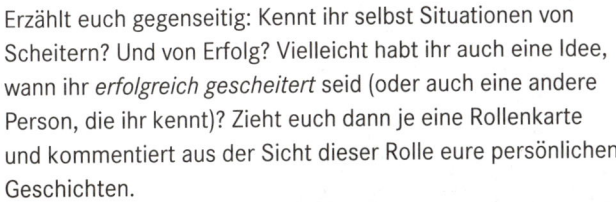

erkunden

Welche inneren Stimmen hörst du in Momenten von Erfolg und welche nach dem Scheitern? Wie könnten diese Stimmen heißen? Schau in den Rollenkarten nach, ob eine dabei ist, die dazu passt. Was sagt sie zu dir?

Erzählt euch gegenseitig: Kennt ihr selbst Situationen von Scheitern? Und von Erfolg? Vielleicht habt ihr auch eine Idee, wann ihr *erfolgreich gescheitert* seid (oder auch eine andere Person, die ihr kennt?). Zieht euch dann je eine Rollenkarte und kommentiert aus der Sicht dieser Rolle eure persönlichen Geschichten.

Expeditions- proviant

Menschen überall auf der Welt machen ihre Erfahrungen mit Scheitern und Erfolg. Manche sind auch erfolgreich gescheitert. Wenn du nun in deinem Leben forschst, kannst du vielleicht von ihren Erfahrungen profitieren. Hier findest du sie als Proviant für deine Expedition.

Manche Leute wollen ja geradezu scheitern …!
Eine selbsterfüllende Prophezeiung – auf Englisch *self-fulfilling prophecy* – ist eine Vorhersage, die ihre Erfüllung selbst bewirkt. Der entscheidende Mechanismus ist, dass derjenige, der an die Vorhersage glaubt, sich so verhält, dass sie sich auch erfüllt: »Hab ich dir doch gleich gesagt, dass ich das nicht kann. Und hier haben wir den Beweis: Ich bin gescheitert. Aber wenigstens hatte ich recht!«

Einer für alle! Andreas Toba, der sich beim Bodenturnen in Rio schwer verletzt hatte, mobilisierte seine letzten Kräfte, um die Final-Qualifikation der deutschen Mannschaft nicht zu gefährden. Mit gerissenem Kreuzband, unter Tränen und größten Schmerzen trat er am Pauschenpferd an und zeigte einen beispiellosen Einsatz. Trotz seines Handicaps holte er die höchste Punktzahl der deutschen Teilnehmer.
www.bambi.de

Er gewinnt 2016 den deutschen Fernsehpreis »Bambi« in der Kategorie »Publikumspreis Olympiaheld«, obwohl er keine Medaille gewonnen hat.

Den Studienplatz in meiner Lieblingsstadt habe ich nicht bekommen. Das war eine Riesenenttäuschung. Erst im Nachrückverfahren habe ich eine Zusage für eine andere Uni bekommen und das Studium dort notgedrungen begonnen. Heute fühle ich mich hier sehr wohl, das Studium macht richtig Spaß und ich habe hier meinen Freund kennengelernt. Wie schön, dass meine erste Wahl nicht geklappt hat!

Sophia, 21 Jahre

Der Finalkampf war verloren, aber moralischer Sieger sind sie geworden: Die Fußballmannschaft hat 0:2 verloren, weil sie auf eine Ecke, die ihnen fälschlicherweise zuerkannt wurde, verzichtet hatten. Riesenapplaus von den Rängen und am Ende gab es den Fair-Play-Pokal, von dessen Existenz sie vorher nichts wussten. Damit sind sie »Sieger der Herzen« geworden.

Was wäre das Leben, hätten wir nicht den Mut, etwas zu riskieren?

Vincent van Gogh

Glückselig sind die, die wissen, dass sie vor Gott arm sind.
 Denn ihnen gehört das Himmelreich.

Glückselig sind die, die an der Not der Welt leiden.
 Denn sie werden getröstet werden.

Glückselig sind die, die von Herzen freundlich sind.
 Denn sie werden die Erde als Erbe erhalten.

Glückselig sind die, die hungern und dürsten nach der Gerechtigkeit.
 Denn sie werden satt werden.

Glückselig sind die, die barmherzig sind.
 Denn sie werden barmherzig behandelt werden.

Glückselig sind die, die ein reines Herz haben.
 Denn sie werden Gott sehen.

Glückselig sind die, die Frieden stiften.
 Denn sie werden Kinder Gottes heißen.

Glückselig sind die, die verfolgt werden, weil sie tun, was Gott will.
 Denn ihnen gehört das Himmelreich.

Matthäusevangelium 5,3–10

Misserfolg, der fast sexy ist:

Die FuckUp Nights, die 2012 in Mexiko-City von fünf Freunden ins Leben gerufen wurden, die genug davon hatten, nur über berufliche Erfolge zu sprechen, sind derzeit ein weltweiter Trend. Im April 2015 fanden bereits in über 100 Städten in 54 verschiedenen Ländern Veranstaltungen statt, bei denen gescheiterte Unternehmer von ihren Fuckups berichteten.

www.ideenwerkbw.de

> Die Lehre der FuckUp Nights:
> Scheitern ist keine Schande. Auch hier gibt es inzwischen solche FuckUp Nights:
> www.fuckups.de

> Ein neuer Weg ist immer ein Wagnis. Aber wenn wir den Mut haben loszugehen, dann ist jedes Stolpern und jeder Fehltritt ein Sieg über unsere Ängste, unsere Zweifel und Bedenken.
> Demokrit

Ein Mut machender Song von den Toten Hosen heißt **Steh auf, wenn du am Boden bist**. Höre dir den Song bei Youtube an und lies dazu den Liedtext.

Expeditionsproviant

Wissenschaftliche Experimente haben eine Eigenheit, die in offiziellen Publikationen gerne unterschlagen wird: Sie missraten oft. Dass Forscher nicht darüber sprechen, ist schade, denn Missgeschicke und Komplikationen gehören genauso gut zum Erkenntnisprozess der Wissenschaft wie Statistiken und belastbare Ergebnisse.

Reto U. Schneider auf www.spiegel.de

Fürchte dich nicht, denn ich habe dich erlöst; ich habe dich bei deinem Namen gerufen; du bist mein!

Jesaja 43,1

~~Plan A~~
~~Plan B~~
Plan C

Wenn Plan A nicht gelingt, hat das Alphabet noch 25 weitere Buchstaben.

Höre dir den Song **Hey** von Andreas Bourani bei Youtube an und lies dir auch den Text durch.

> Viele, die jetzt bei den Ersten sind, werden dann die Letzten sein. Und viele, die jetzt bei den Letzten sind, werden dann die Ersten sein.
> Matthäusevangelium 19,30

> Wenn es aber aus Gnade geschah, dann spielen die eigenen Taten dabei keine Rolle. Sonst wäre die Gnade ja nicht wirklich Gnade.
> Brief an die Römer 11,6

> Wer nicht wagt, der nicht gewinnt.
> Deutsches Sprichwort

Und sie brachten ihn zu der Stelle, die Golgota heißt, das bedeutet übersetzt »Schädelplatz«. Sie wollten ihm Wein zu trinken geben, der mit Myrrhe versetzt war. Aber er nahm ihn nicht. Dann kreuzigten sie ihn. Sie verteilten seine Kleider und losten aus, wer was bekommen sollte. Es war die dritte Stunde, als sie ihn kreuzigten. Auf einem Schild stand der Grund für seine Verurteilung: »Der König der Juden«. Mit Jesus kreuzigten sie zwei Verbrecher. Den einen rechts, den anderen links von ihm. Die Leute, die vorbeikamen, lästerten über ihn. Sie schüttelten ihre Köpfe und sagten: »Ha! Du wolltest doch den Tempel abreißen und in nur drei Tagen wieder aufbauen. Rette dich selbst! Steig vom Kreuz herunter.« Genauso machten sich die führenden Priester zusammen mit den Schriftgelehrten über ihn lustig. Sie sagten: »Andere hat er gerettet. Sich selbst kann er nicht retten. Der Christus, der König von Israel, soll jetzt vom Kreuz herabsteigen. Wenn wir das sehen, glauben wir an ihn.« Auch die beiden Verbrecher, die mit ihm gekreuzigt waren, verspotteten ihn. Es war die sechste Stunde, da breitete sich im ganzen Land Finsternis aus. Das dauerte bis zur neunten Stunde. In der neunten Stunde schrie Jesus laut: »Eloï, Eloï, lema sabachtani?« Das heißt übersetzt: »Mein Gott, mein Gott, warum hast du mich verlassen?« Als sie das hörten, sagten einige von denen, die dabeistanden: »Habt ihr das gehört? Er ruft nach Elija.« Einer lief hin, tauchte einen Schwamm in Essig, steckte ihn auf eine Stange und hielt ihn Jesus zum Trinken hin. Er sagte: »Lasst mich nur machen! Wir wollen mal sehen, ob Elija kommt und ihn herunterholt.« Aber Jesus schrie laut auf und starb. Da zerriss der Vorhang im Tempel von oben bis unten in zwei Teile. Ein römischer Hauptmann stand gegenüber vom Kreuz. Er sah genau, wie Jesus starb. Da sagte er: »Dieser Mensch war wirklich der Sohn Gottes.«
Markusevangelium 15,22–39

Eines Tages nahm ein Mann seinen Sohn mit aufs Land, um ihm zu zeigen, wie arme Leute leben. Vater und Sohn verbrachten einen Tag und eine Nacht auf einer Farm einer sehr armen Familie. Als sie wieder zurückkehrten, fragte der Vater seinen Sohn: »Wie war dieser Ausflug?« »Sehr interessant!« antwortete der Sohn. »Und hast du gesehen, wie arm Menschen sein können?« »Oh ja, Vater, das habe ich gesehen.« »Was hast du also gelernt?« fragte der Vater. Und der Sohn antwortete: »Ich habe gesehen, dass wir einen Hund haben und die Leute auf der Farm haben vier. Wir haben einen Swimmingpool, der bis zur Mitte unseres Gartens reicht, und sie haben einen See, der gar nicht mehr aufhört. Wir haben prächtige Lampen in unserem Garten und sie haben die Sterne. Unsere Terrasse reicht bis zum Vorgarten und sie haben den ganzen Horizont.« Der Vater war sprachlos. Und der Sohn fügte noch hinzu: »Danke Vater, dass du mir gezeigt hast, wie arm wir sind.«

Überlieferte Geschichte
(Autor unbekannt)

Wähle dir Texte, Bilder, Songs oder Bibelstellen aus, die dich besonders ansprechen. Vielleicht, weil sie dich berühren, weil sie dir aus der Seele sprechen, weil sie dich anregen oder aufregen oder weil du sie erst mal gar nicht verstehst.
Lies diese Texte aus der Sicht von zwei verschiedenen Stimmen in dir, z. B. deinem größten inneren Kritiker, der dir immer sagt: »Du schaffst das ja doch nicht!«, und deinem inneren Mutmacher, der dir zuspricht: »Du kannst es, versuch's noch einmal!« Erfinde einen Dialog dieser beiden inneren Stimmen oder ziehe zwei verschiedene Rollenkarten.

Einen solchen Dialog könnt ihr euch auch in Zweierteams ausdenken. Dazu zieht jede Person eine Rollenkarte.

Entdecken

Hier findest du Ideen, wie du dich kreativ mit dem Expeditionsproviant auseinandersetzen kannst, um dich selbst und andere besser zu verstehen.

Collage
- Lass den Proviant auf dich wirken und entdecke, welche eigenen Gedanken und Assoziationen aus deinem Leben dir dazu kommen. Erstelle dazu eine Collage mit Schnipseln, Fotos, Erinnerungsstücken aus deinem eigenen Leben und verbinde sie mit dem hier entdeckten Proviant.

Streitgespräch
- Welche deiner inneren Stimmen zum Thema Scheitern stört dich in deinem Alltag am meisten? Gib ihr einen Namen und wähle die zutreffende Rollenkarte dafür aus. Welcher Spruch, Text oder Song ist am besten geeignet, dieser einen Stimme etwas entgegenzusetzen? Wähle auch dafür eine Rollenkarte und lass beide Stimmen in eine Diskussion treten.
- Führt die Diskussion jeweils zu zweit. Nach einem Durchgang wechselt ihr die Rollen.

Landschaft deines Lebens
- Erinnere dich an Stationen und Entwicklungen deines Lebens. Male deinen Lebensweg wie eine Landkarte mit verschiedenen Wegen, Sackgassen, Landschaften oder bebauten Gebieten, reißenden Flüssen oder kleinen Seen, Bergen und Tälern. Wo waren Höhen und Tiefen? Wo waren Erfolge und wo bist du gescheitert? Denke dir selbst passende Namen für die Orte deines Lebens aus und bezeichne sie wie auf einer Landkarte mit Namen, z. B. Tal

der Tränen, Sumpf der Einsamkeit, Freundschaftsbrücke, Hoffnungshügel ...
- Stellt euch gegenseitig eure Lebenslandschaften vor. Überlegt gemeinsam, was euch Kraft gegeben hat, aus Krisen wieder herauszukommen.

Einfach weitergehen?

- »Hinfallen, aufstehen, Krone richten, weitergehen« – ein typischer Postkartenspruch. Manche Menschen stürzen in eine tiefe Krise, sobald etwas misslingt. Andere können nach Krisen einfach wieder aufstehen und weitergehen. Wie machen sie das? Psychologen nennen diese Fähigkeit Resilienz.
- Menschen mit dieser Fähigkeit haben Eigenschaften und Strategien, um Lebenskrisen zu meistern. Sie schaffen es, sich durch Rückschläge nicht von ihrer Lebensfreude abbringen zu lassen, sondern sogar daran zu wachsen. Das kann man lernen. Diese Aussagen treffen auf Menschen mit Resilienz zu:
  - ☐ Alltagsprobleme hauen mich nicht um. Ich finde schon eine Lösung.
  - ☐ Ich akzeptiere mich so wie ich bin, auch mit meinen Schwächen und Fehlern.
  - ☐ Aus schweren Zeiten in meinem Leben habe ich viel gelernt.
  - ☐ Vorbei ist vorbei. Wenn etwas zu Ende ist, kann ich gut loslassen.
  - ☐ Im Rückblick hat sich vieles in meinem Leben als gut erwiesen, auch wenn es mir zuerst wie eine Krise erschien.
  - ☐ Ich nehme mir Zeit, um mit Freunden zu reden.
  - ☐ Ich lasse mich nicht so leicht stressen.
  - ☐ Wenn etwas anders kommt, als ich es mir vorgestellt habe, kann ich mich gut anpassen.
  - ☐ Wenn ich nicht weiterweiß, suche ich Rat bei anderen.
  - ☐ Ich denke immer positiv und bin ein Optimist.

- Wie gehst du persönlich mit Scheitern um? Was ist dein typisches Muster in deinem Verhalten und Denken? Benutze die Aussagen als Fragebogen und ordne sie für dich ein.
- Auf einer Skala von –5 bis +5: Wie sehr trifft diese Eigenschaft auf dich zu?
- Welche Rollenkarte passt am besten zu welcher Aussage?

Scherben und Blumen

- Stellt eine Schale mit Scherben als Symbol für Zerbrochenes und eine Vase mit Blumen als Zeichen für Lebendiges in eure Mitte. Am Anfang nimmt jede/jeder von euch eine Scherbe und erzählt: Da hatte ich in meinem Leben das Gefühl, gescheitert zu sein, da habe ich verloren, da habe ich einen Fehler gemacht …
Die Scherbe legt ihr in die Mitte.
- Dann nehmt ihr eine Blume und erzählt: Da hatte ich Erfolg, da ist mir etwas Tolles gelungen, da kann ich stolz auf mich sein …

Reframing

- Der psychologische Begriff der »Umdeutung« – englisch reframing, von frame = Rahmen – bezeichnet den Prozess, einer Situation eine andere Sichtweise zu geben. So, wie ein Bild in einem neuen Rahmen ganz anders wirken kann, kann das auch mein persönlicher Blickwinkel auf das Erlebte. Ich versuche, eine schwierige Situation in einem anderen, positiven Rahmen zu sehen.
- Wird ein Problem »umgerahmt«, dann bekommt dieselbe Situation eine neue Bedeutung, und ich kann mich anders verhalten.
- Denkt an eine »Ich bin gescheitert«-Situation aus eurem Leben. Wählt eine Rollenkarte aus, die dazu passt. Wählt eine zweite, positive Rolle aus. Erzählt euch gegenseitig dieselbe Situation aus zwei verschiedenen Perspektiven – negativ und positiv – und mit verschiedenen Stimmen.
    - Negative Perspektive: Alles lief von Anfang an schlecht, ich hab's mal wieder verbockt. Das war so: … (hier kommt eure Geschichte)
    - Positive Perspektive: Ich habe etwas Tolles für mein Leben gelernt, nämlich: …
- Die anderen Gruppenmitglieder können durch Fragen oder eigene Ideen noch mehr positive Aspekte dazu nennen.
- Dann tauscht euch über eure Erfahrungen mit den beiden Perspektiven aus.

Eine Frage der Haltung

- Probiert verschiedene Körperhaltungen zu Gefühlen aus: Wie geht und steht jemand, der traurig, wütend, enttäuscht, glücklich, erleichtert, erfolgreich, gescheitert … ist?

Entdecken

- Wählt gemeinsam einen Bibel- oder Songtext aus. Alle wählen ein Wort aus dem Text, das sie besonders anspricht. Findet für dieses Wort eine eigene Geste oder Körperhaltung, die die Stimmung des Wortes ausdrückt.
- Alle stellen ihre Geste nacheinander vor und übernehmen die der anderen.
- Nun wird der gesamte Text gelesen, dazu bewegen sich alle mit den gefundenen Gesten.

Unsinnig

- Lest euch im Expeditionsproviant die Kreuzigung Jesu mit verteilten Rollen durch. Stellt euch vor, ihr seid die Anhänger Jesu und bei der Kreuzigung dabei.
- Teilt euch in zwei Gruppen. Alle ziehen eine Rollenkarte. Die eine Gruppe vertritt die These, dass Jesus gescheitert ist, die andere, dass Jesu Tod für ihn und bis heute einen Sinn hat. Bringt innerhalb der Gruppe und Hauptthese eure Rollenposition ein.

Standbilder

- Stellt in zwei Gruppen die beiden Seiten in den Seligpreisungen als Standbilder dar. Dazu hört ihr den Text und stellt euch nacheinander als Gruppenbild auf – jede und jeder in einer eigenen Haltung –, z. B. hungern und dürsten nach Gerechtigkeit oder Leid tragen.
- Dann verändert ihr euch von dieser Figur aus zur »Verheißungs-Seite« der Seligpreisungen, z. B. satt oder getröstet werden.
- Die zweite Gruppe beobachtet: Was passiert beim Übergang von der einen zur anderen Seite?

Erfolgreich gescheitert

- Teilt euch in zwei Gruppen. Jede Gruppe denkt sich eine Situation aus, in der jemand scheitert. Spielt den anderen diese Szene als Rollenspiel vor. Die andere Gruppe versucht die Szene so weiterzuspielen, dass aus dem Scheitern etwas Erfolgreiches wird.
- Dazu wählt jede Person eine Rollenkarte: Welche Rolle könnte hilfreich sein, um gut mit diesem Scheitern umzugehen? Was tut sie? Was ist der erste Schritt zu einem erfolgreichen Umgang? Was könnte das Ziel oder die Lösung sein, dass jemand erfolgreich aus dieser Situation herausgehen kann?

Experimente

Wie geht es nun weiter? Wo in deinem Leben geht es um Erfolg und Scheitern, Sieg und Niederlage?

Tagebuch: Erfolgserlebnisse
- Schreibe einen Monat lang jeden Abend eine Sache auf, die dir an diesem Tag nicht gut gelungen ist, bei der du das Gefühl hattest, gescheitert zu sein.
- Schreibe daneben ein Erfolgserlebnis, eine Sache, die dir heute besonders gut gelungen ist.

Reframing
- Stelle dir eine Situation vor, in der du immer wieder scheiterst, z. B.: »Ich habe Angst, vor Gruppen zu sprechen.«
- Welche innere Stimme ist für dieses Gefühl oder dein Verhalten verantwortlich? Der Beschützer, die Perfektionistin? Befrage diese innere Stimme, was ihre gute Absicht dabei ist, z. B. Angst ist Schutz. Der Beschützer bewahrt vor Blamage und negativen Reaktionen, die Perfektionistin möchte alles 100 %ig machen und strebt nach Vollkommenheit.
- Sprich nun eine andere innere Stimme an. Wähle dazu eine Rollenkarte und überlege, wie sich der Blick auf die Situation nun ändert.
- Mache dir ein inneres Bild von deinem künftigen Verhalten. Stelle dir beispielsweise dein nächstes Referat vor: Wie siehst du dich? Was hörst du für Stimmen? Was fühlst du?

Experimente

Freundschaftlicher Rat

- In beruflichen Zusammenhängen gibt es die sogenannte »Kollegiale Fallberatung«. Im Kollegenkreis berät man sich gegenseitig, wenn jemand mit einer Sache nicht mehr weiterweiß. Das könnt ihr so ähnlich auch in eurer Gruppe machen.
- So eine Beratung läuft in folgenden Schritten ab:
  1. Rollen verteilen: Fallgeber/in (eine Person, die mit einem Problem nicht weiterweiß, bringt ihren »Fall« ein), Moderator/in (achtet auf die Zeit, die Regeln und sagt die nächsten Schritte an), Beratende (alle anderen).
  2. Fallgeber/in schildert die Situation (Zwischenfragen sind nicht erlaubt) und formuliert eine Frage (5 Minuten).
  3. Beratende stellen Verständnisfragen, Fallgeber/in erklärt (2 Minuten).
  4. Beratende sammeln unsortiert, was ihnen dazu einfällt: Assoziationen, Wahrnehmungen, Gefühle, Fantasien (noch keine Lösungsideen), Fallgeber/in hört nur zu (10 Minuten).
  5. Fallgeber/in gibt seine Rückmeldung zu den Ideen (5 Minuten).
  6. Beratende sammeln Lösungsvorschläge und Antworten auf die Frage, Fallgeber hört zu (10 Minuten).
  7. Fallgeber/in gibt Rückmeldung zu den Lösungsvorschlägen: »Wo kann ich weiterdenken, was könnte mein erster Schritt sein …?« (3 Minuten).
  8. Austausch zu den Lösungsvorschlägen, Planung der Umsetzung (alle) (10 Minuten).

- Bei Punkt 4 könnt ihr die Rollenkarten einsetzen und versuchen, aus je einem Blickwinkel das Problem zu betrachten.

Poetry-Slam

- Veranstaltet einen Schreibworkshop mit einem Motto. Statt Erfolgsgeschichten stehen Geschichten von Scheitern und von Misserfolg im Mittelpunkt, z. B.: *Mein peinlichster Moment, Dumm gelaufen, Erfolgreich gescheitert* oder *Ein echter Reinfall*. Mit euren Geschichten veranstaltet ihr einen Poetry-Slam.
- Zur Einstimmung könnt ihr euch bei Youtube verschiedene Slams ansehen.

Gemeinsam erfolgreich oder gemeinsam gescheitert?

- Erledigt folgende Aufgaben gemeinsam:
    - Alle müssen über ein gespanntes Seil laufen.
    - Eine Person muss eine bestimmte Strecke schaffen, ohne den Boden zu berühren.
    - Gemeinsam wird eine Pyramide gebaut.

- Die Übungen sind nur zu schaffen, wenn alle zusammenarbeiten. Stellt euch die Fragen: Woran sind wir gescheitert? Warum hat es nicht geklappt? Was war der Schlüssel zum Erfolg? Was bedeutet das für unsere Gruppe?

5 ohnmächtig stark

Herbert Kolb

Forschungsanliegen

»Erfolg. Jeder ist seines Glückes Schmied.« So steht es auf dem Plakat, das zu einer Veranstaltung einlädt. Mit Filzstift hat jemand darüber geschrieben: »Aber die meisten sind nur der Amboss.«

Forschungsanliegen

Soll heißen: Die meisten Menschen können ihr Leben gar nicht selbst gestalten. Oder sogar: Auf ihrem Rücken schmieden andere ihr Glück. Das ist natürlich überspitzt ausgedrückt. Aber steckt nicht ein Fünkchen Wahrheit in diesem Satz?

Bin ich eher »Schmied« oder »Amboss«? Was kann ich bewirken? Wie gehe ich mit meinen Möglichkeiten um? Und wie mit meiner Machtlosigkeit? Was kann ich – allein oder zusammen mit anderen – Sinnvolles tun? Fragen wie diese stehen im Mittelpunkt dieser Expedition.

Von klein auf wollen wir Fähigkeiten entwickeln und einsetzen. Wir wollen, dass das, was wir tun, etwas bewirkt, am liebsten etwas Großartiges, Dinge, auf die wir (und die anderen) stolz sind.

Viele starke Menschen haben sich dabei nicht von ihrer eigenen Ohnmacht abschrecken lassen. Sie wissen, dass nicht alles möglich ist. Aber sie wollen herausfinden, was möglich ist, was sie selbst bewirken können. Deshalb versuchen sie es immer wieder.

Wer möchte sich nicht mit seinen Möglichkeiten einsetzen? Wer möchte nicht die Welt mindestens ein klein wenig besser machen?

Sehr schnell und sehr oft kommen wir dabei an unsere Grenzen. Wie ein Kleinkind, das Laufen lernt, fallen wir immer wieder hin. Unsere Fähigkeiten reichen oft nicht aus. Frustration kommt auf. Und wir erleben immer wieder, dass das Leben nicht fair zu sein scheint. Andere haben es anscheinend oder wirklich leichter: In der Schule, in der Liebe, im Leben.

Hat es überhaupt Sinn, sich anzustrengen und zu engagieren? Was kann ich schon mit meinen bescheidenen Möglichkeiten bewirken? Diese Fragen haben wir uns nicht gestellt, als wir das Laufen lernten. Wir sind

Forschungsanliegen

immer wieder aufgestanden und haben es von Neuem versucht. Warum sind wir jetzt manchmal so schnell mutlos wegen unserer Misserfolge und unserer Ohnmacht? Sind die Ziele zu hoch gesteckt? Oder schätzen wir unsere Möglichkeiten vielleicht zu niedrig ein?

Vor der Expedition überlege, wann du dich stark fühlst und mächtig, wann machtlos und ohne Möglichkeiten, etwas verändern zu können. Bewerte von 1 bis 6. 1 ist dabei sehr gut, 6 heißt sehr schlecht.

☐ Ich habe viele Möglichkeiten, etwas zu verändern oder mitzugestalten.

☐ Ich bin in allem, was ich tue, überwiegend fremdbestimmt.

☐ Ich möchte gern einmal etwas Großes tun.

☐ Wenn ich drei Wünsche frei hätte, um in der Gesellschaft etwas zu verändern, dann wüsste ich sofort, was ich mir wünschen würde.

☐ Allein kann man in der Regel nichts bewirken.

☐ Nur wenn es einem selbst gut geht, kann man auch für andere etwas tun.

☐ Wer glauben kann, kann auch Berge versetzen.

erkunden

»Du hast keine Chance, aber nutze sie.«
So heißt ein alter Spruch. Mache dir bewusst, was er bedeuten könnte.
Ziehe fünf Rollenkarten. Lass jede Rolle folgenden Satz vervollständigen:

*Du hast keine Chance, aber nutze sie. –
Diesen Satz finde ich …, weil …!*

In der Gruppe ziehen alle eine Rollenkarte und vervollständigen den Satz.

Expeditions-proviant

Schau dir den Proviant an, der für die Expedition zu diesem Thema bereitliegt.

Überlege dir, welche Symbole du hinter jeden Text bzw. hinter jedes Bild setzen würdest:

Hier habe ich Fragen ❓
Finde ich großartig ❗
Das passt ➕
Dem stimme ich nicht zu ➖
Totaler Quatsch ¢

> Man muss die Dinge nur aus der richtigen Perspektive sehen. Als Goliath den Israeliten entgegentrat, dachten alle Soldaten: Er ist so groß, den können wir niemals überwältigen. Auch David sah sich den Riesen genau an und sagte sich: Der ist so groß, den kann ich gar nicht verfehlen.
>
> Autor unbekannt

Expeditionsproviant

> Es ist sehr viel leichter, eine Sache prinzipiell als in konkreter Verantwortung durchzuhalten.
> Dietrich Bonhoeffer

> Er wird der Spötter spotten, aber den Demütigen wird er Gnade geben.
> Sprüche 3,34

> Es ist eine meiner Überzeugungen, dass man für das Gemeinwohl arbeiten muss und dass man sich im selben Maße, indem man dazu beigetragen hat, glücklich fühlen wird.
> Gottfried Wilhelm Leibniz

> Ich bin nicht allmächtig, ich bin nicht ohnmächtig, ich bin partiell mächtig.
> Ruth Cohn

> Gott, gib mir die Gelassenheit, Dinge hinzunehmen, die ich nicht ändern kann, den Mut, Dinge zu ändern, die ich ändern kann, und die Weisheit, das eine vom anderen zu unterscheiden.
> Gebet (Autor unbekannt)

92

> Nur die Allerklügsten und die Allerdümmsten ändern sich nie.
> Konfuzius

> Tu deinen Mund auf für die Stummen und für die Sache aller, die verlassen sind.
> Sprüche 31,8

> Aber der Herr hat zu mir gesagt: »Du brauchst nicht mehr als meine Gnade. Denn meine Kraft kommt gerade in der Schwäche voll zur Geltung.«
> 2. Brief an die Korinther 12,9

> Viele kleine Leute, an vielen kleinen Orten, die viele kleine Dinge tun, können das Gesicht der Welt verändern.
> Afrikanisches Sprichwort

> Wer sich selbst verändert, ändert die Welt. Es gibt an dieser Welt nichts zu verbessern, aber sehr viel an sich selbst.
> Thorwald Dethlefsen

> Wenn du meinst, zu klein zu sein, um etwas zu bewegen, dann warst du noch nie mit einer Mücke im Bett.
> Indisches Sprichwort

›Kommt her! Euch hat mein Vater gesegnet! Nehmt das Reich in Besitz, das Gott seit der Erschaffung der Welt für euch bestimmt hat. Denn ich war hungrig, und ihr habt mir zu essen gegeben. Ich war durstig, und ihr habt mir zu trinken gegeben. Ich war ein Fremder, und ihr habt mich als Gast aufgenommen. Ich war nackt, und ihr habt mir Kleider gegeben. Ich war krank, und ihr habt euch um mich gekümmert. Ich war im Gefängnis, und ihr habt mich besucht.‹ Dann werden die Menschen fragen, die nach Gottes Willen gelebt haben: ›Herr, wann haben wir dich hungrig gesehen und haben dir zu essen gegeben? Oder durstig und haben dir zu trinken gegeben? Wann warst du ein Fremder und wir haben dich als Gast aufgenommen? Wann warst du nackt und wir haben dir Kleider gegeben? Wann warst du krank oder im Gefängnis und wir haben dich besucht?‹ Und der König wird ihnen antworten: ›Amen, das sage ich euch: Was ihr für einen meiner Brüder oder eine meiner Schwestern getan habt – und wenn sie noch so unbedeutend sind –, das habt ihr für mich getan.‹
Matthäusevangelium 25,34–40

Ich bin stark, weil ich meine Schwächen kenne.
Ich bin schön, weil ich mich so mag, wie ich bin.
Ich bin mutig, weil ich die Angst akzeptiere.
Ich kann lachen, weil ich die Traurigkeit erlebt habe.
Ich bin glücklich, weil ich es sein will.

Autor unbekannt

Ihr seid das Salz der Erde: Wenn das Salz nicht mehr salzt, wie kann es wieder salzig werden? Es ist nutzlos! Es wird weggeworfen und von den Menschen zertreten. Ihr seid das Licht der Welt: Eine Stadt, die auf einem Berg liegt, kann nicht verborgen bleiben! Es zündet ja auch niemand eine Öllampe an und stellt sie dann unter einen Tontopf. Im Gegenteil: Man stellt sie auf den Lampenständer, damit sie allen im Haus Licht gibt. So soll euer Licht vor den Menschen leuchten. Sie sollen eure guten Taten sehen und euren Vater im Himmel preisen.

Matthäusevangelium 5,13–16

plant for the planet

Inspiriert von Wangari Maathai, die in Afrika in 30 Jahren 30 Millionen Bäume gepflanzt hat, formuliert Felix seine Vision: Kinder könnten in jedem Land der Erde eine Million Bäume pflanzen. Und so auf eigene Faust einen CO2-Ausgleich schaffen, während die Erwachsenen nur darüber reden. Denn jeder gepflanzte Baum entzieht der Atmosphäre pro Jahr ca. 10 kg CO2.

Der erste Baum wird gepflanzt und Klaus Töpfer, ehemals Bundesumweltminister und Vorsitzender des United Nations Environment Programme (UNEP), wird Schirmherr.

Felix verspricht der UNEP, dass die Kinder in jedem Land der Erde eine Million Bäume pflanzen. In den darauffolgenden Jahren entwickelt sich Plant-for-the-Planet zu einer weltweiten Bewegung.

www.plant-for-the-planet.org

Du findest Felix Finkbeiner bei Facebook (http://de-de.facebook.com/FFinkbeiner) und mehr Infos zu seiner Initiative auf: www.plant-for-the-planet.org

Entdecken

Diese Etappe der Expedition erstreckt sich zwischen Ohnmacht und Stärke – zwischen der Möglichkeit, etwas zu gestalten oder etwas hinzunehmen. Hier kannst du nun entdecken und deinen Horizont erweitern.

- Ziehe wahllos sieben Rollenkarten und ordne sie den Begriffen »Ohnmacht« und »Stärke« zu! Gib den Rollen jeweils eine Stimme (Was sagen sie?) und ordne die Karten so, dass ein Dialog entsteht!
- Welche Aussage steht am Schluss? Bist du zufrieden damit? Oder möchtest du nach einer weiteren Rollenkarte suchen, die deinen Dialog besser abschließt?

Ich werd' die Welt verändern

- Die Band Revolverheld singt *Ich werd die Welt verändern*. Dazu passt vielleicht das Lied der Ärzte *Deine Schuld*. Höre dir beide Lieder an und achte vor allem auf die Texte der Refrains. Wie passen die beiden Songs zu Ohnmacht und Stärke?
- Wähle sieben Rollenkarten. Bewerte von 1 bis 6 wie sehr die Rollen dem folgenden Satz zustimmen würden (1 = sehr stark, 6 = gar nicht): »Ich werd' die Welt verändern!« – Überlege dir im Anschluss, warum die Bewertung unterschiedlich ausfällt. Was spricht dafür, dass es möglich ist, die Welt zu verändern? Was spricht dagegen?
- Kannst du die Welt verändern? – In einer Gruppe könnt ihr diese Frage diskutieren.

Warum engagierst du dich?

- Vielleicht bist du in einem Verein, einer Aktionsgruppe, einer Kirchengemeinde oder einer Partei aktiv. Was ist der Grund für dein Engagement? Überprüfe das einmal anhand der folgenden Liste. Kreuze deine drei wichtigsten Motive an. Ziehe dann verdeckt drei Rollenkarten und kommentiere deine gewählten Motive aus diesen Rollen heraus oder führe ein Selbstgespräch. Was wird dir dabei bewusst?
- In einer Gruppe können die Rollen durch die anderen Teilnehmenden übernommen werden. Welche Fragen entstehen, wenn mit den Rollen die ausgewählten Motive kommentiert werden? Darüber sprecht im Anschluss an die Übung gemeinsam.
  - ☐ Spaß haben
  - ☐ Anderen Menschen helfen
  - ☐ Gesellschaft mitgestalten
  - ☐ Etwas verändern wollen
  - ☐ Mit anderen Menschen zusammenkommen
  - ☐ Kenntnisse und Erfahrungen einbringen
  - ☐ Kenntnisse erweitern, etwas lernen
  - ☐ Etwas für das berufliche Vorankommen tun
  - ☐ Mit anderen Generationen zusammenkommen
  - ☐ Anerkennung finden
  - ☐ Eigene Interessen vertreten
  - ☐ …

Wer bin ich?

- Die Gruppe teilt sich in Kleingruppen von je vier bis fünf Personen auf. Jede Person erhält verdeckt eine Rollenkarte. Jede Kleingruppe zieht eine »Fragekarte«. Nur die Mitglieder der Kleingruppe erfahren die Frage. Mögliche Fragen lauten:
  - ◆ Soll ich mich politisch oder ehrenamtlich engagieren?
  - ◆ Soll ich mich in den Dauerstreit meiner Eltern einmischen?
  - ◆ Soll ich meinem Lehrer sagen, dass ich mich über ihn geärgert habe?
  - ◆ Soll ich meine sterbenskranke Großmutter im Hospiz besuchen?
  - ◆ Soll ich dem Angeber sagen, wie blöd ich ihn finde?
  - ◆ Soll ich ihr/ihm zeigen, wie verliebt ich in sie/ihn bin?

- Jede Runde läuft ähnlich ab:
Eine Person betritt die Bühne und nimmt entsprechend der Rollenkarte eine Körperhaltung ein. Die anderen Teams deuten diese Körperhaltung spontan durch einen Satz wie »Ich bin … | Ich fühle mich …«. Nach etwa drei bis fünf Sätzen folgt die nächste Person aus dieser Kleingruppe. Wenn alle Kleingruppenmitglieder auf der »Bühne« waren, liest ein Gruppenmitglied die »Fragekarte« vor und alle Mitglieder dieses »inneren Teams« gehen noch einmal in ihre Körperhaltung. Die Zuschauenden diskutieren, wie sich die »Gesamt-Person« entscheiden würde.

Mein Schlüssel

- Ziehe fünf Rollenkarten. Lies dir den Text »Das habt ihr mir getan« (Matthäusevangelium 25,34–40) im Expeditionsproviant noch einmal durch. Wenn du aus der Rolle heraus den Text anschaust: Was wäre ein Schlüsselwort, ein wichtiges Wort, für diese Rolle? Schreibe diese jeweils auf. Schau dir nun die fünf Wörter an. Welches spricht dich besonders an und warum ist das so? Welche Hoffnung oder Sehnsucht verbindest du mit diesem Wort?
- In einer Gruppe könntet ihr nach dieser persönlichen Beschäftigung von euren Entdeckungen erzählen.

Widerstand oder Ergebung?

- Mögliche Szenarien: Der Stadtrat hat die Errichtung eines Multifunktionsplatzes für Jugendliche abgelehnt. | Gegen die Einrichtung eines Aufnahmelagers für Geflüchtete wird eine Bürgerinitiative gegründet. | Im Biologieunterricht regt ein Mitschüler eine Kampagne gegen Dieselfahrzeuge an. | Alle bekommen mit, dass eine Mitschülerin ständig gemobbt wird.
- Entscheidet euch für eine der genannten Ausgangssituationen – vielleicht ist bei euch ja gerade ein anderes, ähnliches Thema aktuell! Stellt zwei Stühle auf die Bühne: einen für »Da will ich mich einmischen« und einen für »Da halte ich mich lieber heraus«.
- Alle erhalten verdeckt je eine Rollenkarte. Nacheinander setzt sich jede Person auf einen der beiden Stühle und begründet dies aus ihrer Rolle heraus.
- Diskutiert anschließend unabhängig von den Rollenkarten über das Thema und eure Einstellung dazu.

Heute mal anti

- Ziehe eine Rollenkarte. Schreibe aus dieser Rolle heraus einen Antitext zu dem Text aus dem Expeditionsproviant »Vom Salz der Erde und vom Licht der Welt« (Matthäusevangelium 5,13–16). Wenn du den Antitext geschrieben hast, suche dir eine Rollenkarte heraus, die wie eine Brücke zwischen beiden Texten vermittelt. Welche Rollenkarte kann beide Positionen zusammenbringen oder in Beziehung zueinander setzen?
- In einer Gruppe wählt ihr allein oder zu zweit eine Rollenkarte und schreibt einen Antitext. Die Texte lest ihr nacheinander vor. Zuvor werden die Rollenkarten verdeckt eingesammelt, gemischt und vor der Gruppe sichtbar ausgebreitet. Nach jedem Text wird geraten: Welche Rollenkarte wurde für den Antitext gewählt?
- Nachdem alle Texte vorgelesen wurden, diskutiert: Was ist am Text »Vom Salz der Erde und vom Licht der Welt« – trotz allem »anti« – wertvoll?

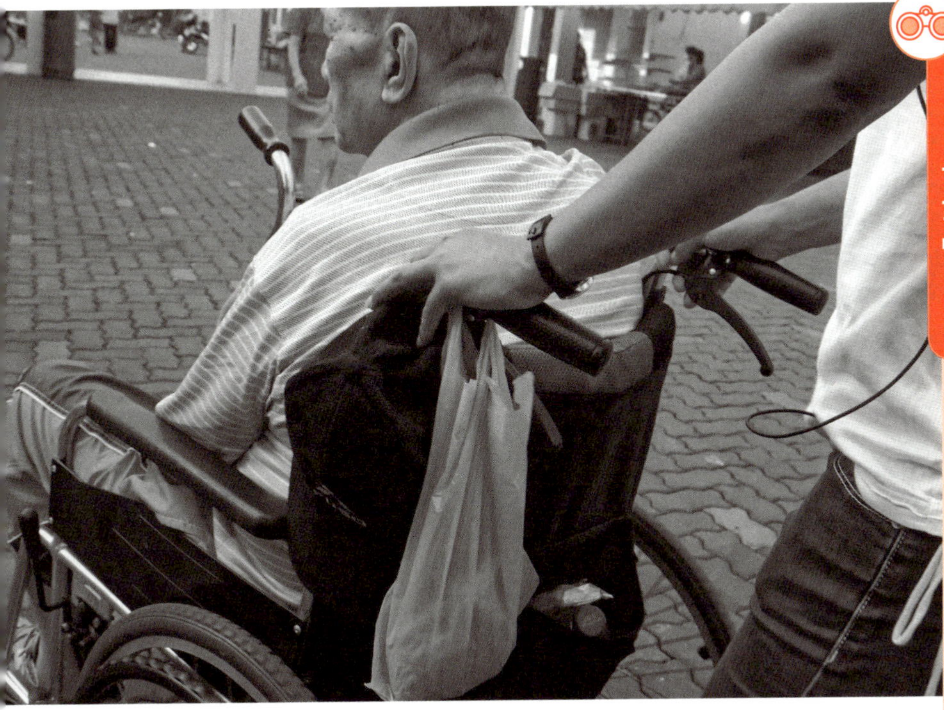

Ein Bild sagt mehr als tausend Worte

- In diesem Kapitel findest du einige Bilder. Wähle zu jedem eine Rollenkarte aus, die gut dazu passt. Nun befrage diese Rolle in der Situation des Bildes. Was kann sie über Macht und Ohnmacht erzählen?

Stellung beziehen

- Der Hintergrund: Eine Person lästert immer wieder über eine andere und macht sie lächerlich, wann immer sich eine Gelegenheit bietet. Beide tauchen in dieser Szene nicht auf. Anwesend sind je ein Freund bzw. eine Freundin von Person A und Person B. Sie werden jeweils durch eine Kleingruppe dargestellt.
- Der Raum wird durch Kreppband oder ein Seil am Boden in zwei Hälften geteilt. Die Kleingruppen stellen sich auf beiden Seiten der »Kontaktlinie« auf. Die Rollenkarten werden gemischt und verdeckt auf die beiden Gruppen aufgeteilt. Jedes Gruppenmitglied erhält eine Karte. (Wenn es mehr Karten als Teilnehmende gibt, entscheidet die Gruppe, welche Rollen ins Spiel kommen.)
- Jede Kleingruppe berät für sich, mit welcher »Grundaufstellung« sie in das folgende Gespräch gehen will: Mit welcher Rolle will sie das Gespräch beginnen? Diese Person steht zu Beginn an der Kontaktlinie. Die anderen verteilen sich dahinter.
- Die Personen an der Kontaktlinie beginnen, sich über das Mobbing zu unterhalten. Nach und nach schalten sich die anderen mit ihrer jeweiligen Rolle in das Gespräch ein. Dazu gehen sie jeweils direkt an die Kontaktlinie. Die Person, die vorher dort stand, verlässt die Linie.
- Nach etwa 15 Minuten wird der Dialog gestoppt. Die Gruppe diskutiert ihre Erfahrungen: Welche Rollen kamen vor allem zum Zug? Welche kamen kaum oder gar nicht ins Spiel? Warum? Was waren »starke« Argumente oder Momente? Wann gab es Erfahrungen von Ohnmacht, wann von Macht? Was bedeuten diese für das Thema Mobbing?

Experimente

Vielleicht hast du auf der letzten Etappe dieser Expedition Neues entdeckt und erfahren: über unsere Welt, über das, was das Leben bedroht, oder wofür es sich einzusetzen lohnt. Und hoffentlich auch über dich selbst: deine inneren Stimmen, die dich antreiben oder – vor Gefahren – zurückhalten.
Nimm diese Impulse mit in deinen Alltag. Probiere einfach aus. Mache Kleinigkeiten mal anders. Vielleicht ändert sich damit schon etwas – zumindest für dich.

Mein Spruch
- Schau dir den Proviant für diese Etappe noch einmal an!
- Womit möchtest du dich gern intensiver beschäftigen? Welche weiteren Informationen brauchst du dafür? Wo kannst du sie finden?

Ich muss
- Ich muss gar nichts! – Meistens stimmt eher das Gegenteil: Ich muss alles Mögliche. Wahrscheinlich sind beide Aussagen nicht ganz richtig. Ein kleines Experiment kann dich darauf aufmerksam machen.
- Teile ein Blatt Papier in zwei Spalten. Schreibe in die linke Spalte zehn Sätze, die alle mit »Ich muss …« anfangen. Schreibe die Sätze komplett aus, also keine Wortgruppen. Achte beim Schreiben auf deine Gefühle. Dann schreibe auf der rechten Seite die gleichen Sätze. Nur sie beginnen mit »Ich entscheide mich für …«. Was löst das aus? Welche Entdeckung machst du dabei?

Ohnmächtig

- Befrage verschiedene Menschen, in welchen Situationen sie sich ohnmächtig gefühlt haben und was es für sie bedeutet, stark zu sein. Was hat ihnen in Situationen der Ohnmacht geholfen?

Eine Woche, jeden Tag eine gute Tat

- Mache dir eine Liste für jeden Tag der Woche. Schreibe auf, wem du womit eine kleine Freude machen möchtest. Möglichkeiten gibt es viele: etwas schenken, besuchen, unterstützen, einen Brief schreiben usw. Das kannst du auch heimlich tun. Also setze deine Liste um und probiere es einmal aus. Welche Erfahrungen machst du dabei?

Für eine bessere Welt

- Das Web ist voll mit Portalen, die von Menschen erzählen, die sich auf unterschiedlichste Art engagieren und so Verantwortung übernehmen. Hier findest du einige Links für eine bessere Welt:
  - www.fuereinebesserewelt.info
  - www.degrowth.info
  - www.bessereweltlinks.de
  - www.greenpeace.de
  - www.futurzwei.org
  - www.fussabdruck.de
  - www.brot-fuer-die-welt.de
  - www.amnesty.de

6 unsichtbar angesehen

Elisabeth Lange und Friedemann Müller

Forschungs-anliegen

Muss ich gut aussehen, damit ich akzeptiert werde? Müssen Mädchen schlank sein und Jungs sportlich, um angesehen zu sein? Ist Aussehen wichtig für mein Glücksgefühl?

Forschungsanliegen

Unser Körper ist der Ort, von dem aus wir die Welt erleben. Er sagt uns, wer wir sind. Egal, wie sehr wir uns in ihm zu Hause fühlen: Er bleibt unser einziger Zugang zur Welt. Wir fühlen, wir riechen, wir tasten, wir hören und sehen – alles ist Körper. Er ist Ausdruck unserer Einzigartigkeit. Kein Gesicht, kein Fingerabdruck ist gleich. Du bist dein Körper – originell und einzigartig.

So, wie wir uns kleiden, stylen und bewegen, erzählen wir von uns. Der Körper ist die Sprache, mit der wir uns am unmittelbarsten ausdrücken. Damit lösen wir Reaktionen aus. Egal wie viel wir dafür tun, aufzufallen oder uns zu verstecken: Im tiefsten Inneren wollen wir Menschen gesehen werden, angesehen sein und Ansehen genießen.

Der Körper ist eines der Topthemen unserer Zeit. Er scheint unseren Ansprüchen nicht genügen zu können. Styling, Training, Schönheitsoperationen, Diät, Wellness, Typberatung, Lifestyle, Mode und Kosmetik – das sind nur einige Möglichkeiten, uns zu optimieren und in Szene zu setzen.

Schnell vergessen wir, dass unsere Einstellungen zum Körper und was wir mit ihm tun, immer auch von Kultur und Gesellschaft geprägt sind. In unserer Zeit wird die wahre Schönheit zur Ware »Schönheit«. Viele leiden an ihrem Körper: zu viele Pickel, zu dick oder zu dünn, zu klein gewachsen oder zu groß, zu große Nase, zu kleine Brüste, keinen Waschbrettbauch. Das »Ja« zum eigenen Körper fällt uns schwer. Manche sagen deshalb: »Es kommt nur auf die inneren Werte an. Wichtig ist allein der Charakter.« Vielleicht hat Schönheit und Ansehen ja vor allem damit zu tun, wer und was wir füreinander sind?

erkunden

Denk doch einmal über diese Fragen nach:

- some*body* or no*body* – Wann bin ich jemand und wann bin ich niemand?
- Was ist überhaupt schön?
- Man sagt, ›jemand genießt Ansehen‹. Was braucht es dafür?
- Wie entsteht Schönheit zwischen Menschen?
- Was tue ich für meinen Körper?

Ziehe fünf Rollenkarten für eine Diskussion. Wähle eine oder mehrere Fragen aus, die dich ansprechen. Versuche aus der Rolle heraus, eine Position oder Meinung zu entwickeln.

Ihr könnt die Fragen auch in der Gruppe mit verschiedenen Rollen diskutieren.

Expeditions-proviant

Für unsere Reise zu dem, was uns Ansehen verschafft, zu Schönheit und der Lust am Körper gibt es hier verschiedenen Proviant. Versuche, besonders auch an den Texten, Zitaten und Bildern dranzubleiben, die dir zunächst schwierig erscheinen. Nicht selten liegt darin der größte Gewinn.

Ziehe eine Rollenkarte und überlege, zu welchem der Texte diese Karte für dich am besten passt. Mache dir bewusst, warum du die Karte gerade auf diesen Text legen willst.

Suche dir den schwierigsten oder deinen Lieblingstext aus. Wähle fünf Rollenkarten und lasse diese Rollen mit dem Text sprechen. Was haben sie zu sagen?

ich wurde nicht gefragt
bei meiner zeugung
und die mich zeugten
wurden auch nicht gefragt
bei ihrer zeugung
niemand wurde gefragt
außer dem Einen

und der sagte
ja

ich wurde nicht gefragt
bei meiner geburt
und die mich gebar
wurde auch nicht gefragt
bei ihrer geburt
niemand wurde gefragt
außer dem Einen

und der sagte
ja

Kurt Marti

Diese Glätte
diese Strenge
nur Schönheit
die vergeht
nie lebt

alles bleibt gestelzt
gefroren
wenn unter
ihren schlanken Beinen
der Laufsteg
nie die Erde bebt

Hans-Christoph Neuert

Jesus kam nach Jericho und zog durch die Stadt. Und sieh doch: Dort lebte ein Mann, der Zachäus hieß. Er war der oberste Zolleinnehmer und sehr reich. Er wollte unbedingt sehen, wer dieser Jesus war. Aber er konnte es nicht, denn er war klein und die Volksmenge versperrte ihm die Sicht. Deshalb lief er voraus und kletterte auf einen Maulbeerfeigenbaum, um Jesus sehen zu können – denn dort musste er vorbeikommen. Als Jesus an die Stelle kam, blickte er hoch und sagte zu ihm: »Zachäus, steig schnell herab. Ich muss heute in deinem Haus zu Gast sein.« Der stieg sofort vom Baum herab. Voller Freude nahm er Jesus bei sich auf. Als die Leute das sahen, ärgerten sie sich und sagten zueinander: »Er ist bei einem Mann eingekehrt, der voller Schuld ist!« Aber Zachäus stand auf und sagte zum Herrn: »Herr, sieh doch: Die Hälfte von meinem Besitz werde ich den Armen geben. Und wem ich zu viel abgenommen habe, dem werde ich es vierfach zurückzahlen.« Da sagte Jesus zu ihm: »Heute ist dieses Haus gerettet worden, denn auch er ist ein Sohn Abrahams! Der Menschensohn ist gekommen, um die Verlorenen zu suchen und zu retten.«

Lukasevangelium 19,1–10

Expeditionsproviant

Niemand hat deine Fingerabdrücke.
Niemand hat deine Stimme.
Niemand sagt so »Ich hab dich lieb« wie du.
Niemand glaubt wie du.
Niemand denkt so ans Sterben wie du.
Niemand hat deine Geschichte.
Niemand spürt die gleiche Trauer,
das gleiche Glück wie du.
Niemand ist wie du.
Niemand in deinem Land.
Auf deinem Kontinent,
auf dem dritten Planeten dieses Sonnensystems,
in der Galaxie,
die wir die Milchstraße nennen.
Niemand,
weil du einmalig bist.

Ulrich Schaffer

Es war einmal ein Gaukler, der tanzend und springend von Ort zu Ort zog, bis er des unsteten Lebens müde war. Da gab er alle seine Habe hin und trat in das Kloster zu Clairveaux ein. Aber weil er sein Leben bis dahin mit Springen, Tanzen und Radschlagen zugebracht hatte, war ihm das Leben der Mönche fremd, und er wusste weder ein Gebet zu sprechen noch einen Psalter zu singen.

So ging er stumm umher, und wenn er sah, wie jedermann des Gebetes kundig schien, aus frommen Büchern las und mit im Chor die Messe sang, stand er beschämt dabei: Ach, er allein, er konnte nichts. »Was tu ich hier?« sprach er zu sich, »ich weiß nicht zu beten und kann mein Wort nicht machen. Ich bin hier unnütz und der Kutte nicht wert, in die man mich kleidete.«

In seinem Gram flüchtete er eines Tages, als die Glocke zum Chorgebet rief, in eine abgelegene Kapelle. »Wenn ich schon nicht mitbeten kann im Konvent der Mönche«, sagte er vor sich hin, »so will ich doch tun, was ich kann.« Rasch streifte er das Mönchsgewand ab und stand da in seinem bunten Röckchen, in dem er als Gaukler umhergezogen war. Und während vom hohen Chor die Psalmgesänge herüberwehen, beginnt er mit Leib und Seele zu tanzen, vor- und rückwärts, links herum und rechts herum. Mal geht er auf seinen Händen durch die Kapelle, mal überschlägt er sich in der Luft und springt die kühnsten Tänze, um Gott zu loben. Wie lange auch das Chorgebet der Mönche dauert, er tanzt ununterbrochen, bis ihm der Atem verschlägt und die Glieder ihren Dienst versagen.

Ein Mönch war ihm aber gefolgt und hatte durch ein Fenster seine Tanzsprünge mitangesehen und heimlich den Abt geholt. Am anderen Tag ließ dieser den Bruder zu sich rufen. Der Arme erschrak zutiefst und glaubte, er solle des verpassten Gebetes wegen gestraft werden. Also fiel er vor dem Abt nieder und sprach: »Ich weiß, Herr, dass hier meines Bleibens nicht ist. So will ich aus freien Stücken ausziehen und in Geduld die Unrast der Straße wieder ertragen.« Doch der Abt neigte sich vor ihm, küsste ihn und bat ihn, für ihn und alle Mönche bei Gott einzustehen: »In deinem Tanze hast du Gott mit Leib und Seele geehrt. Uns aber möge er alle wohlfeilen Worte verzeihen, die über die Lippen kommen, ohne dass unser Herz sie sendet.«

Hubertus Halbfas (nach einer französischen Legende)

Expeditionsproviant

Expeditionsproviant

> Ein Mensch sieht, was vor Augen ist; der HERR aber sieht das Herz an.
> 1. Samuel 16,7

Wir wohnen
Wort an Wort
Sag mir
dein liebstes
Freund
meines heißt
DU

Rose Ausländer

Versuche nicht, zwischen Körper und Seele zu scheiden!
Der Körper ist in eine Seele getaucht wie die Seele in ihren Körper.

Aus dem Sutot, einem Kommentar zum Talmud

Oder wisst ihr nicht, dass euer Leib ein Tempel des Heiligen Geistes ist? Der ist in euch, Gott hat ihn euch geschenkt!

1. Brief an die Korinther 6,19

Ich danke dir dafür, dass ich wunderbar gemacht bin; wunderbar sind deine Werke; das erkennt meine Seele.

Psalm 139,14

Und Gott schuf den Menschen zu seinem Bilde, zum Bilde Gottes schuf er ihn; und schuf sie als Mann und Frau.

1. Buch Mose 1,27

»Der Einsiedler und die schlafende Angelica« von Peter Paul Rubens (1626/28)

Expeditionsproviant

Wo aber das Gespräch sich in seinem Wesen erfüllt, zwischen Partnern, die sich einander in Wahrheit zugewandt haben, sich rückhaltlos äußern und vom Scheinenwollen frei sind, vollzieht sich eine denkwürdige, nirgendwo sonst sich einstellende gemeinschaftliche Fruchtbarkeit.

Martin Buber

Ich bin froh, dass ich kein Dicker bin heißt ein Song von Marius Müller-Westernhagen. Höre ihn dir bei Youtube an und suche nach dem Liedtext.

Nur in einem gesunden Körper wohnt auch ein gesunder Geist.

Juvenal

Entdecken

Jetzt hast du genug Proviant erhalten, um auf Entdeckungstour zu gehen! Kannst du deine Forschungsfragen beantworten?

Sehen und gesehen werden

- Unten findest du verschiedene Aussagen und eine Liste mit Orten.
- Ziehe jeweils drei Rollenkarten für eine der Aussagen, wähle einen Ort und führe ein Gespräch aus der Rolle heraus am gewählten Ort.
- Als Gruppe wählt ihr gemeinsam einen Ort aus, zieht Rollenkarten und führt ein Gespräch.

Aussagen

- »Hauptsache anders« – Ich bin, wenn ich gesehen werde.
- »Find mich toll« – Ich bin so, wie du mich siehst.
- »Echt sein« – Ich bin so, wie ich mich fühle.
- »The show must go on!« – Ich bin, wer ich sein will.
- »Worauf ich mich verlassen kann« – Ich bin mein Körper.
- »Glaub nicht, wen du vor dir hast« – Ich bin unsicher, wer ich bin.
- »Total perfekt« – Ich bin wunderbar gemacht.

Spielorte

Im Fitnessstudio | im Krankenhaus | in der Schönheitsklinik | beim Frisör | unter Mädchen | in der Umkleidekabine | bei der Bundeswehr | nach dem Fußballtraining

Ansehen genießen

- In der Geschichte von Zachäus im Expeditionsproviant (Lukasevangelium 19,1–10) werden drei zentrale Erfahrungen beschrieben:
  1. Kein Ansehen haben. – Als Zolleintreiber war man damals nicht angesehen. Zachäus war klein und nicht angesehen.
  2. Jemandem Ansehen schenken. – Viele wollten diesen Jesus sehen, auch Zachäus. Das macht ihn zum Star, verschafft ihm Ansehen.
  3. Angesehen zu werden, verändert. – Der Zolleintreiber, der kein Ansehen genießt und genießen sollte, dieser »Sünder«, wird von Jesus gesehen und angesprochen. Ohne jede Bedingung will Jesus bei Zachäus einkehren. Das wird Zachäus verändern. Im Angesehenwerden kann sich Zachäus selbst anders sehen.

- Wo begegnen dir in deinem Leben diese Erfahrungen: kein Ansehen haben, Ansehen schenken und angesehen werden?
- Ziehe drei oder auch mehr Rollenkarten.
  - Überlege dir für jede Rolle: Was sieht die Person dieser Rolle in dir? Nimm dir dafür Zeit. Achte auf deine Gefühle bei der Beantwortung dieser Frage.
  - Dann frage dich: Was ändert sich, wenn dich jemand bedingungslos ansehen könnte?
  - Kannst du glauben, dass du, so wie du bist, – ohne jede Bedingung – angesehen bist? Was bedeutet dir das?

Angesehen sein

- Schaue dir die Geschichte über den Gaukler noch einmal an. Wähle vier Rollenkarten aus. In der Gruppe zieht jeder/jede ein oder zwei Karten. Was würdest du dem Gaukler am Ende der Geschichte aus der Rolle deiner Karte heraus sagen?

Ein Grund zur Freude?

- Hört das Lied von Marius-Müller Westernhagen *Ich bin froh, dass ich kein Dicker bin* und lest den Liedtext kritisch. Welche Message hat der Song? Teilt ihr diese?
- Bildet nun zwei Gruppen:
  Der eine Teil führt das Gespräch zum Lied und zieht zuvor Rollenkarten. Aus der Rolle heraus wird agiert. Falls jemand mit der gezogenen Karte nicht einverstanden ist, kann noch getauscht werden.
  Ein Platz bleibt in der Gesprächsrunde frei.
  Der andere Teil der Gruppe hört dem Gespräch zu und kann immer wieder den einen freien Platz besetzen und mitreden. Für diese Gruppe gibt es dabei keine Rollenkarten. Nach jedem Redebeitrag von Teilnehmenden dieser Gruppe muss der Platz wieder frei gemacht werden. So kann sich jede/jeder dort einbringen.

Schönheit war nicht immer schön

- Beim Proviant findest du das Bild von Peter Paul Rubens, das dir etwas vom Schönheitsideal des Barocks erzählt.
- Einen kleinen Eindruck davon, wie sich Schönheitsideale über die Jahrhunderte gewandelt haben, erhältst du auf dieser Webseite: www.winifred.cichon.de
- Sammle Argumente, warum diese Körperdarstellung als schön empfunden worden ist. Ziehe drei Rollenkarten und befrage mit ihrer Hilfe deine Argumente.
- In einer größeren Gruppe könnt ihr noch mehr Karten verwenden.

Experimente

Man muss ja nicht immer nur reden. Probiere doch mal was aus …

Staune über dich
- Klebe dir Post-its mit der Aussage »Ich bin wunderbar gemacht« in dein Zimmer, ins Bad usw. Versuche einen Tag oder sogar eine Woche, so oft du kannst, an diesen Satz »Ich bin wunderbar gemacht« zu denken. Welche Erfahrung machst du?

Staune über andere
- Sieh dir Menschen im Café, auf Plätzen, in der Schule (oder wo immer du dich aufhältst) an und versuche wahrzunehmen, was sie schön macht. Hat das auch mit dir zu tun?

Werde jemand anderes
- Mit Morphing-Programmen kannst du dein Gesicht verwandeln und einfach mal jemand anderes werden. Mit einem Foto von dir kannst du dich in wenigen Handgriffen verändern (oder auch Freunde, Freundinnen und Familie). Eine kostenlose Software für Windows ist *Sqirlz Morph,* eine Mac-Version heißt *MorphX*.

Spieglein, Spieglein an der Wand
- Schau dich im Spiegel an (vielleicht auch nackt). Wen siehst du da? Was gefällt dir an deinem Körper? Bist du dein Körper oder vielleicht noch viel mehr?
- Was macht dich schön? Lass dir Zeit für diese letzte Frage. Vielleicht hast du Lust, dir selbst oder Gott einen Brief zu schreiben.

Nehmt mich!
- Wirb für dich! Du willst gesehen werden und Aufmerksamkeit erregen.
- Angenommen, dir stehen nur so viele Zeichen wie für zwei SMS zur Verfügung, also 320: Wie sieht ein Werbetext für dich mit dieser begrenzten Zeichenzahl aus?

Des Kaisers alte Kleider
- Die Journalistin Meike Winnemuth hat ein Jahr lang immer das gleiche blaue Kleid getragen. Sie wollte erkunden, wie es ihr und den Menschen, mit denen sie zu tun hat, damit ergeht. Hier findest du mehr dazu: www.daskleineblaue.de
- Das kannst du doch auch mal ausprobieren! Trage eine ganze Woche lang oder am besten gleich einen ganzen Monat immer die gleichen Klamotten (Waschen zwischendurch nicht vergessen!). Oder du stellst dir ein ungewöhnliches Outfit zusammen und trägst es ein paar Tage am Stück. Was löst dieses Experiment bei dir aus? Wie reagiert deine Umwelt?

Und noch viel mehr

- www.schoenheitsmerkmale.de – Eine Seite zu dem, was Frauen schön macht.
- www.beautycheck.de – Hier werden wissenschaftliche Ergebnisse zur Messbarkeit von Schönheit vorgestellt.
- www.exmodels.de/als-schoenheit-machbar-wurde-die-anfaenge-der-plastischen-chirurgie/ – Wie ging es los mit der Schönheitschirurgie?
- www.hungrig-online.de – Informationen über Essstörungen wie Magersucht, Bulimie und Adipositas.

7 gemeinsam allein

Georg Raatz

Forschungsanliegen

Gemeinsam mit deinen Eltern, einem Lehrer, bei einer Berufsberatung oder mit Freundinnen überlegst du, welche Ausbildung oder welches Studium du nach der Schule beginnen willst. Ihr orientiert euch an deinen Interessen und Begabungen, ihr wägt das Für und Wider verschiedener Berufe ab: Was könnte dir Spaß machen? Was liegt dir nicht? Was sind deine Stärken und Schwächen?
Am Ende triffst du die Entscheidung – allein!

So oder so ähnlich funktioniert das Leben: In der Regel bist du gemeinsam mit anderen zusammen. Du spielst deine Rolle: als Kind deiner Eltern, als Mitschülerin, als Kollege in der Ausbildung, als Kommilitone im Studium, als Konsumentin, als ein Profil bei Facebook oder Twitter, als Freund, als Geliebte, als Fan … Aber wer bin ich eigentlich? Wie erholsam ist es da manchmal, mich aus allem herauszuhalten und ganz allein für mich zu sein. Und wie schwer ist es, meine erwarteten Rollen einmal nicht zu spielen, selbstbestimmt zu sein und gegen den Strom zu schwimmen.

So sehr du von anderen geprägt wirst, mit anderen zusammenlebst und Unterstützung bekommst – am Ende kommt es doch darauf an, du selbst zu werden und zu sein: erkennbar durch deinen Körper, dein Aussehen, durch deine besondere Biografie, dein Wesen, deine Art zu sprechen, zu lachen, zu arbeiten, zu entspannen …

Ein Prozess, der vielleicht nie abgeschlossen sein wird – und viele Fragen, die andere auch haben:
- Was tut mir gut, wenn ich mit Freundinnen und Freunden zusammen bin?
- Welche Rolle spiele ich in Gruppen? Gehe ich in der Rolle auf oder eher unter?
- Wie selbst- und wie fremdbestimmt fühle ich mich?
- Was heißt es, mir und anderen gerecht zu werden?
- Wo sind meine Rückzugsräume, wenn ich von anderen ›die Nase voll habe‹?

- Wie komme ich mit Einsamkeit klar?
- Muss ich mich eigentlich sozial engagieren, wenn ich doch mit dem, was ich sowieso schon tue, bereits meinen Beitrag für die Gesellschaft leiste?
- Wieso gehe ich aufs Smartphone starrend durch die Stadt, vorbei an vielen Menschen, um mit (manchmal ebenso fremden) Leuten zu chatten oder zu twittern?
- Wieso fällt es mir manchmal leichter, mich beim Lesen oder Serienschauen Figuren, die real nicht existieren, verbundener zu fühlen als der eigenen Familie?
- Brauche ich eine Gemeinschaft wie die Kirche, in der ich mit anderen über das nachdenke, was mir absolut wichtig ist, über den letzten Zweck meines Lebens und der Welt? Oder kann ich das nicht viel besser allein?

Beziehungen zu anderen sind verbunden mit der Hoffnung auf Gemeinschaft, Gerechtigkeit und Fairness, Liebe, tiefste Nähe und größtes Glück, gegenseitige Anerkennung von Freiheit und Würde. Zugleich werde ich mir dann aber auch bewusst, dass es nicht immer so läuft, dass man sich gegenseitig verletzt, Anerkennung vermisst oder einander nicht guttut. So entsteht Sehnsucht nach bedingungsloser Annahme und nach einer Gemeinschaft, in der man sich aufgehoben fühlt.

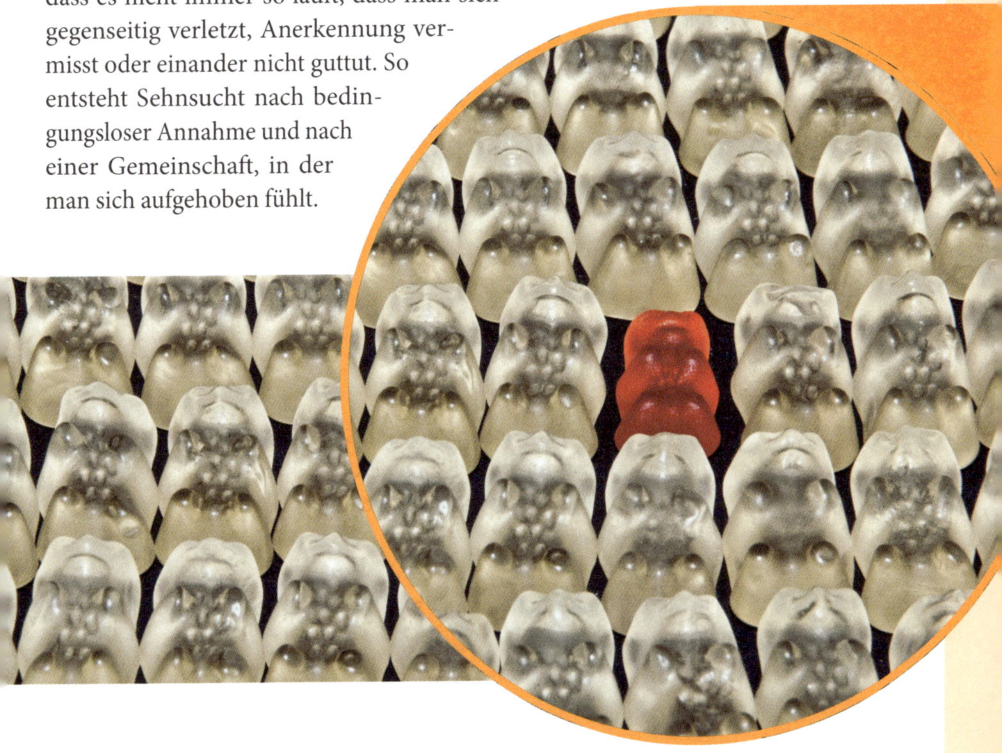

Forschungsanliegen

erkunden

Wie bewertest du folgende Aussagen aktuell für dich? Kreuze auf der Skala die entsprechende Zahl an.

Ich fühle mich …

| -5 | -4 | -3 | -2 | -1 | 0 | +1 | +2 | +3 | +4 | +5 |

fremdbestimmt   selbstbestimmt

Ich bin ein …

| -5 | -4 | -3 | -2 | -1 | 0 | +1 | +2 | +3 | +4 | +5 |

Alleingänger   Gemeinschaftstyp

Ich müsste mich häufiger …

| -5 | -4 | -3 | -2 | -1 | 0 | +1 | +2 | +3 | +4 | +5 |

zurückziehen   einbringen

Ich habe …

| -5 | -4 | -3 | -2 | -1 | 0 | +1 | +2 | +3 | +4 | +5 |

wenige Freunde   viele Freunde

Mir sind vor allem wichtig …

| -5 | -4 | -3 | -2 | -1 | 0 | +1 | +2 | +3 | +4 | +5 |

meine Bedürfnisse   Bedürfnisse anderer

Drei weise Ratgeberinnen und Ratgeber äußern ihre Eindrücke zu deiner Bewertung *und* geben dir einen Tipp zu jeder dieser Aussagen. Du ziehst sie aus den Rollenkarten.
Was sagen sie dir?

In einer Gruppe ziehen drei Personen Rollenkarten und beraten dich.

Expeditionsproviant

Philosophische und religiöse Denkerinnen, Künstler, Begeisterte und Skeptiker haben schon immer darüber nachgedacht, wie das Leben in der Spannung von Selbstbestimmung und Gemeinschaft funktioniert. Hier findest du Texte, Lieder und andere Anregungen.

Wende dich zu mir und sei mir gnädig; denn ich bin einsam und elend. Die Angst meines Herzens ist groß; führe mich aus meinen Nöten! Bewahre meine Seele und errette mich; lass mich nicht zuschanden werden, denn ich traue auf dich!
Psalm 25,16–17 und 20

Der US-amerikanische Sozialphilosoph George Herbert Mead hat behauptet, dass man nicht nur mit anderen zusammen sein kann, sondern dass auch in jeder Person verschiedene Ichs und Rollen zusammen sind. Wenn du mehr darüber wissen willst, findest du bei Youtube unter dem Stichwort **George Herbert Mead** gute Erklärungen.

AM MORGEN, ALS ES NOCH DUNKEL WAR, VERLIESS JESUS DIE STADT. ER GING AN EINEN EINSAMEN ORT UND BETETE DORT.

Markusevangelium 1,35

Expeditionsproviant

Der Mensch hat eine Neigung sich zu vergesellschaften: weil er in einem solchen Zustande sich mehr als Mensch, d. i. die Entwicklung seiner Naturanlagen, fühlt. Er hat aber auch einen großen Hang sich zu vereinzelnen (isolieren): weil er in sich zugleich die ungesellige Eigenschaft antrifft, alles bloß nach seinem Sinne richten zu wollen, und daher allerwärts Widerstand erwartet, so wie er von sich selbst weiß, daß er seinerseits zum Widerstande gegen andere geneigt ist. Dieser Widerstand ist es nun, welcher alle Kräfte des Menschen erweckt, ihn dahin bringt seinen Hang zur Faulheit zu überwinden und, getrieben durch Ehrsucht, Herrschsucht oder Habsucht, sich einen Rang unter seinen Mitgenossen zu verschaffen, die er nicht wohl leiden, von denen er aber auch nicht lassen kann.

Immanuel Kant

> Ich bin wie eine Eule in der Wüste, wie ein Käuzchen in zerstörten Städten. Ich wache und klage wie ein einsamer Vogel auf dem Dache.
> Psalm 102,7-8

> Das Gebet ist die Selbstteilung des Menschen in zwei Wesen – ein Gespräch des Menschen mit sich selbst, mit seinem Herzen.
> Ludwig Feuerbach

> Was für jeden den Inhalt seiner Existenz bedeutet, das was einem das Leben erst lieb macht, gerade das wünscht man mit dem Freunde zusammen zu genießen.
> Aristoteles

Als ich noch allein war
ein Junggeselle mit einer eignen Bude war
da war das einsam sein
sehr bequem
meistens richtig angenehm

Man konnte auch mal –
und es gab dann kein Geschrei –
auf dem Tisch
auf den Händen stehn
oder zwei Tage im Bad sitzen
das WC war immer frei
und wenn man mal weinen musste
war Gott sei Dank niemand dabei
der sagte: »Ach Gott, was hast du denn?«

Einsam
Zweisam
Dreisam
und am Ende dann allein
es hat doch auch was für sich
ganz für sich zu sein
…

Auch die Bäume auf dem Feld
die Vögel in der Luft
die Butter in der Butterdose
das Meer
die Wolken in der Luft
der Schnee hoch oben auf dem Berg
der Stiefel im Teich
und auch der Hecht
finden das einsam sein
gar nicht mal so schlecht
…
Herman van Veen

Expeditionsproviant

Bei Youtube kannst du dir das Lied anhören.

> Mein Freund ist mein und nach mir steht sein Verlangen.
> Hoheslied 7,11

> Es gibt Allernächste, die bringen ins Verderben, und es gibt Freunde, die hangen fester an als ein Bruder.
> Sprüche 18,24

Stellt euch vor: Ich kann die Sprachen der Menschen sprechen und sogar die Sprache der Engel. Wenn ich es ohne Liebe tue, klinge ich wie ein dröhnender Gong oder wie ein scheppernder Becken. Oder stellt euch vor: Ich kann reden wie ein Prophet, kenne alle Geheimnisse und habe jede Erkenntnis. Oder sogar: Ich habe einen Glauben – so fest, dass er Berge versetzen kann. Wenn ich dabei keine Liebe empfinde, bin ich nichts. Stellt euch vor: Ich verteile meinen gesamten Besitz. Oder ich bin sogar bereit, mich bei lebendigem Leib verbrennen zu lassen. Wenn ich es ohne Liebe tue, nützt mir das gar nichts. Die Liebe ist geduldig. Gütig ist sie, die Liebe. Die Liebe ereifert sich nicht. Sie prahlt nicht und spielt sich nicht auf. Sie ist nicht taktlos. Sie sucht nicht den eigenen Vorteil. Sie ist nicht reizbar. Sie trägt das Böse nicht nach. Sie freut sich nicht, wenn Unrecht geschieht. Aber sie freut sich, wenn die Wahrheit siegt. Sie erträgt alles. Sie glaubt alles. Sie hofft alles. Sie hält allem stand. Was bleibt, sind Glaube, Hoffnung, Liebe – diese drei. Doch am größten von ihnen ist die Liebe.

1. Brief an die Korinther 13,1–7 und 13

> Seid vielmehr gütig und barmherzig zueinander. Vergebt einander, wie Gott euch durch Christus vergeben hat.
> Brief an die Epheser 4,32

> Ein Freund liebt allezeit, und ein Bruder wird für die Not geboren.
> Sprüche 17,17

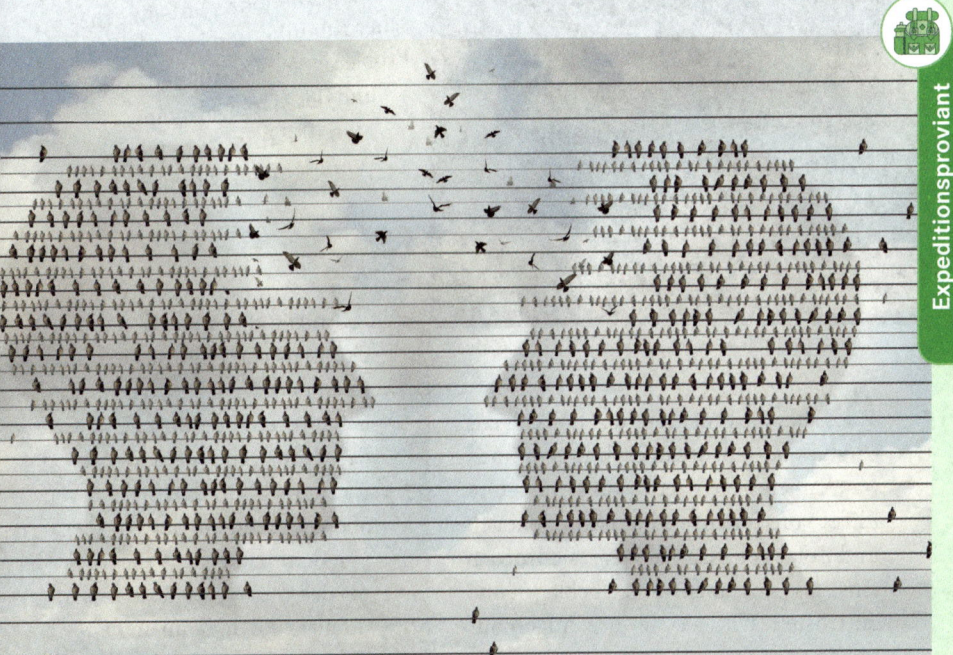

Gemeinschaft ist Partizipation an einem anderen vollständig selbstzentrierten und vollständig individualisierten Selbst. In diesem Sinne ist Gemeinschaft nicht etwas, das ein Individuum haben oder nicht haben kann. Partizipation ist wesentlich für das Individuum, nicht zufällig. Kein Individuum existiert ohne Partizipation, und kein personales Sein existiert ohne ein gemeinschaftliches Sein. […] Im Widerstand der anderen Person wird die Person geboren. Deshalb gibt es keine Person ohne eine Begegnung mit anderen Personen.
Paul Tillich

Expeditionsproviant

»Hiob und seine Freunde« von Matthias Galvez

Gemeinsam Allein (D 2008; 19 Minuten; Regie: Philipp Käßbohrer) ist ein deutscher Kurzfilm und behandelt die Problematik des Gruppenzwangs und des Happy Slappings. Film und Infos zum Film findest du im Internet.

Als aber die drei Freunde Hiobs all das Unglück hörten, das über ihn gekommen war, kamen sie, ein jeder aus seinem Ort: Elifas von Teman, Bildad von Schuach und Zofar von Naama. Denn sie wurden eins, dass sie kämen, ihn zu beklagen und zu trösten. Und als sie ihre Augen aufhoben von ferne, erkannten sie ihn nicht und erhoben ihre Stimme und weinten, und ein jeder zerriss sein Kleid, und sie warfen Staub gen Himmel auf ihr Haupt und saßen mit ihm auf der Erde sieben Tage und sieben Nächte und redeten nichts mit ihm; denn sie sahen, dass der Schmerz sehr groß war.

Hiob 2,11–13

Und Gott der HERR nahm den Menschen und setzte ihn in den Garten Eden, dass er ihn bebaute und bewahrte. Und Gott der HERR gebot dem Menschen und sprach: Du darfst essen von allen Bäumen im Garten, aber von dem Baum der Erkenntnis des Guten und Bösen sollst du nicht essen; denn an dem Tage, da du von ihm isst, musst du des Todes sterben. Und Gott der HERR sprach: Es ist nicht gut, dass der Mensch allein sei; ich will ihm eine Hilfe machen, die ihm entspricht. Darum wird ein Mann seinen Vater und seine Mutter verlassen und seiner Frau anhangen, und sie werden sein ein Fleisch.

1. Buch Mose 2,15–18 und 24

Nun zu der Frage, was der Geist Gottes bewirkt. Brüder und Schwestern, ich will euch auch darüber nicht in Unkenntnis lassen! Es gibt zwar verschiedene Gaben, aber es ist immer derselbe Geist. Es gibt verschiedene Aufgaben, aber es ist immer derselbe Herr. Es gibt verschiedene Wunderkräfte, aber es ist immer derselbe Gott. Er bewirkt das alles in allen. Das Wirken des Geistes zeigt sich bei jedem auf eine andere Weise. Es geht aber immer um den Nutzen für alle. Der eine ist durch den Geist in der Lage, voller Weisheit zu reden. Ein anderer kann Einsicht vermitteln – durch denselben Geist! Ein dritter wird durch denselben Geist im Glauben gestärkt. Wieder ein anderer hat durch den einen Geist die Gabe zu heilen. Ein anderer hat die Fähigkeit, Wunder zu tun. Ein anderer kann als Prophet reden. Und wieder ein anderer kann die Geister unterscheiden. Der Nächste spricht in verschiedenen Arten von fremden Sprachen, ein weiterer kann diese Sprachen übersetzen. Aber das alles bewirkt ein und derselbe Geist. Er teilt jedem eine Fähigkeit zu, ganz so wie er es will.

1. Brief an die Korinther 12,1 und 4-11

> Amor schießt nicht zwei Pfeile zugleich ab. Liebe mag wie Zufall eintreffen, aber normalerweise wohl nicht als Doppelzufall; man muß also nachhelfen – nicht zuletzt auch, um im Werben und Verführen das eigene Gefühl zu festigen.
>
> Niklas Luhmann

Expeditionsproviant

Tipps zum Weiterlesen:

Das Gleichnis vom verlorenen Sohn, das du auch schon auf Seite 38 findest (Lukasevangelium 15,11–32), das Gleichnis vom barmherzigen Samariter (Lukasevangelium 10,25–37) und das Gleichnis von den Arbeitern im Weinberg (Matthäusevangelium 20,1–16)

Entdecken

Viele Bilder, Texte und kurze Zitate haben dir nun viele Eindrücke gegeben, wo Gemeinschaft, Gesellschaft, Einsamkeit und Alleinsein auftauchen. Was kannst du nun damit anfangen?

Gut getroffen

- Welche Texte aus dem Expeditionsproviant sprechen dich besonders an? Lies sie noch einmal in Ruhe durch und verteile insgesamt zehn Punkte auf die Texte. Dafür kannst du zum Beispiel Striche an die Texte machen. Selbstverständlich kannst du auch mehrere Punkte pro Text vergeben. Welche drei Texte sind deine Favoriten? Was fasziniert dich an ihnen? Haben die Texte Gemeinsamkeiten?
- In einer Gruppe nehmt ihr alle Texte aus diesem Kapitel, schneidet sie aus, nummeriert sie und legt sie auf einen großen Tisch. Lest euch die Texte in Ruhe durch. Jeder hat fünf Bewertungspunkte, die er verteilen kann. Lasst die sechs Texte auf dem Tisch liegen, die die meisten Punkte erhalten haben. Jeder sucht sich einen dieser Texte aus. Spielt euch nacheinander eine Geste oder Pantomime vor, die für euch zum Text passt. Die anderen müssen raten, welchen Text ihr dargestellt habt.

Eine Rolle spielen

- Denk darüber nach, welche Arten von Gemeinschaft und Beziehungen für dich gerade besonders wichtig sind! Schreibe diese auf kleine Zettel.
- Welche Rolle spielst du in diesen Beziehungen oder Gruppen? Und: welche Rolle würdest du gerne spielen? Wähle die entsprechenden beiden Rollenkarten und ordne sie deinen Zetteln zu. Denke darüber nach, warum das so ist und was du tun kannst, um zu der Rolle zu kommen, die du gern haben möchtest.
- Weist euch in eurer Gruppe gegenseitig Rollen zu. Diskutiert, ob ihr mit der Wahl der anderen einverstanden seid!

Kalender

- Im Expeditionsproviant hast du die These von George Herbert Mead kennengelernt. Schau dir ein bis zwei Erklärungen seiner Theorie bei Youtube an.
- Überlege dir und schreibe für dich auf, an welchen Orten und in welchen Gruppen du im Laufe einer Woche welche verschiedenen Rollen spielst, z. B. in der Familie, in der Schule oder Ausbildung! Was ist das ganz Persönliche und Individuelle, das du einbringst? Du kannst dafür einen ganz normalen Wochenkalender verwenden.

Philosophisches Quartett

- In den beiden Texten von Immanuel Kant und Paul Tillich hast du philosophische Begründungen kennengelernt, warum der Mensch Gemeinschaft und Gesellschaft braucht. Setzt euch in einen Kreis, vier Stühle stehen in der Mitte. Alle wählen vorher eine Rollenkarte aus. Im Stuhlkreis nehmt ihr nacheinander Platz und bringt aus der Rolle heraus eure »philosophische« Position ein. Macht danach den Platz für die nächste Person frei. Zwei können die Position von Kant und Tillich vertreten. Die Frage lautet: Warum ist der Mensch ein soziales Wesen?

Schreibwerkstatt

- Lasst euch von dem Lied von Herman van Veen inspirieren, euer eigenes Lied über die Einsamkeit zu schreiben. Dazu ziehen alle eine Rollenkarte. Jeder schreibt eine Strophe aus der Rolle heraus. Einigt euch vorher auf eine Melodie, die ihr alle kennt.

Unglück

- Ihr habt die Geschichte von Hiob und seinen Freunden gelesen. Führt spontan eine eigene »Hiobiade« – eine Unglücksgeschichte – als kleines Bühnenstück auf: Was wäre für mich in meiner Situation das größte Unglück? Eure Freunde geben euch guten Rat. Formt die Charaktere der Freunde nach zuvor gezogenen Rollenkarten! Sprecht danach darüber, was ihr von den Freunden erwartet (hättet)!
- Alternativ: Lass dich von dem Hiobsbild (Seite 130) anregen, dein eigenes Bild oder eine Collage zu »Hiob heute« zu gestalten!

Lob der Einsamkeit

- Wenn das Alleinsein und/oder die Einsamkeit nicht selbst gewählt sind, dann können sie etwas Quälendes, Beängstigendes haben. Manchmal ist es sehr hilfreich, sich zurückzuziehen, allein zu sein, Ruhe zu haben. Schreibe doch mal ein Lob der Einsamkeit!

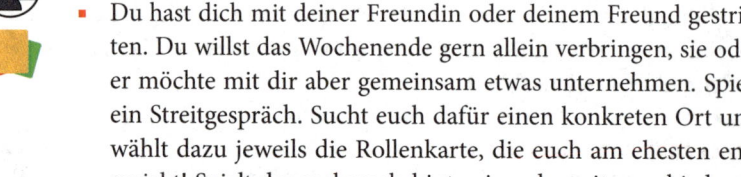
Beziehung(sweise)

- Du hast dich mit deiner Freundin oder deinem Freund gestritten. Du willst das Wochenende gern allein verbringen, sie oder er möchte mit dir aber gemeinsam etwas unternehmen. Spielt ein Streitgespräch. Sucht euch dafür einen konkreten Ort und wählt dazu jeweils die Rollenkarte, die euch am ehesten entspricht! Spielt das mehrmals hintereinander mit verschiedenen Rollenkarten durch.
- Lest danach aus dem Expeditionsproviant den Text von Paulus (1. Brief an die Korinther 13) durch. Diskutiert, welche Einstellungen für eine Liebesbeziehung eurer Meinung nach am wichtigsten sind und wie man die Liebe zwischen Menschen als ein Abbild der Liebe Gottes verstehen kann.

Einsamkeit teilen

- Im Expeditionsproviant hast du mit Psalm 25 ein uraltes Gebet eines einsamen Menschen kennengelernt. Erinnere dich an eine Situation in deinem Leben, in der du dich einsam gefühlt hast, oder überlege dir eine Situation, in der du dich allein fühlen würdest. Schreib einen Text, ein Gedicht, Lied oder Gebet, in dem du von deinen Gefühlen erzählst.
- Lest euch, wenn ihr mögt, eure Texte gegenseitig vor. Welchen Unterschied macht es, wenn man ein Gebet schreibt?

Begabt

- In dem Text im 2. Brief an die Korinther 12 beschreibt Paulus die Kirche als eine Versammlung unterschiedlicher Gaben. Das gilt für jede Gemeinschaft. Welche Begabungen verbergen sich hinter den Charakteren von Menschen? Ziehe dazu eine Rollenkarte und überlege, welche Gabe du in dieser Rolle ins Spiel bringen würdest und wie dies einer Gemeinschaft (z. B. dem Freundeskreis, der Familie, der Kirche usw.) guttun würde?

Experimente

Probiere in deinem Alltag aus, was gemeinsam, allein und alles dazwischen für dich und dein Leben bedeuten kann!

Überraschend
- Wenn ich mit anderen Menschen zusammen bin, ist es wichtig, ich selbst zu sein, mich aber auch auf andere und ihre Erwartungen einstellen zu können. Plane mit einer guten Freundin oder einem guten Freund einen Tag, den ihr von morgens bis abends miteinander verbringt. Es kann ein ganz normaler Tag sein oder ein Ausflug mit einem besonderen Ziel. Jeweils eine oder einer von euch plant und bestimmt alles, was an diesem Tag passieren soll. Überrascht einander!

Ich und die anderen
- An einem Tag begegnest du vielen Menschen, einzeln oder in der Gruppe. Ihr habt miteinander gesprochen oder etwas gemeinsam getan. Nimm dir am Ende eines Tages einmal Zeit, für dich festzuhalten, für was du diesen Menschen dankbar bist, wann du ihnen gerecht geworden bist und wann nicht. Du kannst es auch als Gebet formulieren.

Meine Rolle
- In eurer Gruppe – sei es nun in einer kirchlichen Jugendgruppe oder woanders – habt ihr bewusst oder unbewusst eine bestimmte Position und spielt eine Rolle. Bildet Zweierteams. Die eine Person wählt eine Rollenkarte, die die andere Person am besten charakterisiert. Kommt darüber ins Gespräch, warum genau diese Karte ausgesucht wurde.

- Nehmt anschließend diese vom Partner ausgesuchte Rollenkarte und verhaltet euch bei einem oder zwei Treffen in der Gruppe dieser Rolle entsprechend. Wie leicht fällt euch das? Was ändert sich in der Gruppe? Nach diesem Experiment: Sprecht darüber, was gut funktioniert hat und wo es vielleicht Konflikte gegeben hat.

Unterwegs

- Teilt euch in zwei oder mehr Gruppen mit höchstens sechs Teilnehmenden. Ihr habt die Aufgabe, in 30 Minuten ein gemeinsames Wochenende zu organisieren. Überlegt euch zunächst, was alles zu bedenken und zu organisieren ist. Findet heraus, wer mit seinen Begabungen und Stärken welche Aufgabe am besten übernehmen sollte. Diskutiert dazu in der Gruppe nacheinander jeweils über eine Person, die schweigend zuhört. Anschließend äußern sich alle nacheinander dazu, wie sie das Gespräch über sich erlebt haben und ob sie sich in der Rolle wiederfinden.

Experimente

Wie geht's?
- Auf Facebook oder in anderen Social Media hast du viele Freundinnen und Freunde oder auch Follower. Schau dir die Liste an und nimm zu einer Person Kontakt auf, mit der du lange nicht gesprochen hast oder die du ohnehin gar nicht richtig kennst. Frage sie, wie es ihr geht. Versuche, nicht nur an der Oberfläche zu bleiben!

Alleinsein
- Wann warst du das letzte Mal längere Zeit allein? Versuch es! Es muss ja nicht gleich der mehrwöchige Jakobsweg sein. Es kann eine Woche in einem Kloster sein oder auch nur ein Tag, den du ganz für dich allein verbringst – ohne viel zu sprechen, ohne WhatsApp, Skype oder SMS … Was hast du vermisst? Was hast du gewonnen?
- Auch gemeinsam könnt ihr einen stillen Tag planen. Ihr macht eine gemeinsame Wanderung, esst zusammen – aber alles ohne Worte.

Aktiv
- Überlege, wie und für wen du in deiner Familie, in dem Ort, in dem du wohnst, etwas tun könntest, ohne dass es jemand von dir erwartet. Geschwister am Morgen in die Kita bringen, Vorlesen im Alten- und Pflegeheim, ein Ehrenamt im Verein oder in der Kirchengemeinde … Vieles ist denkbar! Nimm dir nicht zu viel vor. Beschränke es erst auf eine bestimmte und überschaubare Zeit und schau dann, ob du es weitermachen willst.

Und noch viel mehr
- »Ich bin dann mal offline«. Leben ohne Internet und Handy – ein Selbstversuch: www.christoph-koch.net/bucher/kauf-mich/
- Stille erfahren: www.story.ekir.de/stille#535
- Gut streiten: www.wikipedia.org/wiki/Gewaltfreie_Kommunikation

8 zufällig geplant

Tobias Petzoldt

Forschungsanliegen

Unsere Welt ist offen und grenzenlos. In Deutschland leben wir in Freiheit und Frieden. Dafür können wir sehr dankbar sein. Wenn wir Zeit und Geld haben und wenn wir alt genug sind, können wir fast überallhin reisen. Wir können studieren, eine Ausbildung machen oder erst mal gar nichts tun. Wir können weggehen, in unserem Ort bleiben oder nach einer langen Zeit wieder in unsere Heimat zurückkehren. Fast alles ist uns möglich.

Jeden Tag haben wir 24 Stunden Zeit – und davon mehr zur freien Verfügung als Menschen früherer Generationen. Die Technik nimmt uns viel Arbeit ab und mit schnellen Verkehrsmitteln sind wir in kurzer Zeit an einem anderen Ort. Und doch sagen wir oft: »Keine Zeit!«

Es ist gar nicht einfach, sich im Gewirr der Angebote, zwischen all den vielen Möglichkeiten, die sich uns bieten, zu entscheiden. Ob ich heute Abend mit ins Kino komme? Keine Ahnung! Das weiß ich doch jetzt noch nicht. Es ist ja noch nicht mal vier Uhr. Und was ich nach der Schule machen will? Keine Ahnung! Das ist noch so weit weg. Immer neu müssen wir uns entscheiden, so vieles müssen wir regeln und planen. Dabei wissen wir oft eigentlich gar nicht, was wir wollen.

Vielleicht fragst du dich auch hin und wieder: Was soll ich machen? Wohin soll ich gehen? Was und wer will ich einmal werden – und was bin ich eigentlich jetzt schon? Wo will ich leben – und mit wem? Will ich Kinder? Will ich Karriere machen? Will ich beides?

Ist mein Leben vorherbestimmt oder muss ich meinen Lebensweg selbst finden? Will ich alles geplant haben oder lasse ich mich gern überraschen? Entscheide ich lieber selbst oder lasse ich gern andere für mich entscheiden?

Will ich mein Leben so perfekt und optimal wie möglich für mich nutzen oder will ich auch für andere Menschen leben und mich für sie einsetzen? Was wird die Zukunft für mich bereithalten?

erkunden

Welcher Gedanke kommt dir bei *zufällig geplant* als erster in den Sinn?

Bist du einer, der in der Tendenz lieber alles planen möchte, oder eine, die lieber völlig frei und ohne Plan durchs Leben geht? Ziehe drei Rollenkarten und überlege, wie sich diese Rollen auf einer Skala zwischen »Typ: exakt geplant« und »Typ: völlig frei« einordnen würden und in welcher Reihenfolge. Wo findet man dich auf dieser Skala?

Expeditions- proviant

Ist alles nur bloßer Zufall? Hast du absolut keinen Plan? Finde heraus, was die Texte und Bilder mit Zufall und Plan zu tun haben.

Lies dir die folgenden Zitate durch. Welchen stimmst du zu, welchen nicht? Wie begründest du deine Entscheidung? Wähle deinen Lieblingsspruch.
Im Anschluss ziehe zwei Rollenkarten und diskutiere deinen Lieblingsspruch aus der Position dieser Rollen heraus. Das lässt sich auch wunderbar in einer Gruppe machen. In Paaren kann vor der Gruppe der jeweilige Spruch diskutiert werden.

> Verlass dich auf den Herrn von ganzem Herzen, und verlass dich nicht auf deinen Verstand, sondern gedenke an ihn in allen deinen Wegen, so wird er dich recht führen.
> Sprüche 3,5–6

> Was heute nicht geschieht, ist morgen nicht getan. Und keinen Tag soll man verpassen. Das Mögliche soll der Entschluss beherzt sogleich beim Schopfe fassen.
> aus Johann Wolfgang von Goethes *Faust*

> Ein Plan ohne Programm ist ein Traum.
> Jüdisches Sprichwort

> Erstens kommt es anders und zweitens als gedacht.
> Deutsches Sprichwort

Die Dinge, die man falsch gemacht hat, bereut man nicht so sehr, wie die, die man erst gar nicht versucht hat.

Autor unbekannt

Des Menschen Herz erdenkt sich seinen Weg; aber der HERR allein lenkt seinen Schritt.

Sprüche 16,9

Wenn du Gott amüsieren willst, erzähle ihm von deinen Plänen.

Russisches Sprichwort

Fürchte dich nicht, ich bin mit dir; weiche nicht, denn ich bin dein Gott. Ich stärke dich, ich helfe dir auch, ich halte dich durch die rechte Hand meiner Gerechtigkeit.

Jesaja 41,10

Expeditionsproviant

Expeditionsproviant

> Wir kommen mehr als durch Wahl – also über Pläne – durch Zufälle durchs Leben und zu uns selber; und das ist nicht ein Unglücksfall; denn der Zufall ist keine mißlungene Absolutheit, sondern – sterblichkeitsbedingt – unsere geschichtliche Normalität. Wir Menschen sind stets mehr unsere Zufälle als unsere Wahl.
>
> Odo Marquard

**Nur wer aufbricht,
wird Neuanfang erfahren.
Nur wer die Wüste durchquert,
wird das verheißene Land erreichen.
Nur wer durch das Dunkel wandert,
wird das Licht entdecken.
Nur wer in Not geraten,
wird dem Heil begegnen.
Nur wer in Schuld verstrickt,
weiß um Gnade.
Nur wer das Sterben zulässt,
wird auferstehen.
Leben mit Tiefgang schrittweise
gewähren lassen.
Nicht aufhören anzufangen.**

Benedikt Werner Traut

Expeditionsproviant

Dazu erzählte Jesus ihnen ein Gleichnis: »Die Felder eines reichen Grundbesitzers brachten eine besonders gute Ernte. Da überlegte er: ›Was soll ich tun? Ich habe nicht genug Platz, um meine Ernte zu lagern.‹ Schließlich sagte er sich: ›So will ich es machen: Ich reiße meine Scheunen ab und baue größere. Dort werde ich dann das ganze Getreide und alle meine Vorräte lagern. Und dann kann ich mir sagen: Nun hast du riesige Vorräte, die für viele Jahre reichen. Gönne dir Ruhe! Iss, trink und genieße das Leben!‹ Aber Gott sagte zu ihm: ›Wie dumm du bist! Noch in dieser Nacht werde ich dein Leben von dir zurückfordern. Wem gehört dann das, was du angesammelt hast?‹ So geht es dem, der für sich selbst Schätze anhäuft – aber bei Gott nichts besitzt.«

Lukasevangelium 12,16–21

Expeditionsproviant

> Deine Fußstapfen sind zu groß,
> als dass ich hineintreten
> und Schritt halten könnte.
> Sie sind so groß,
> damit ich die Richtung nicht
> aus den Augen verliere.
>
> Tobias Petzoldt

Der HERR ist mein Hirte,
mir wird nichts mangeln.
Er weidet mich auf einer grünen Aue
und führet mich zum frischen Wasser.
Er erquicket meine Seele.
Er führet mich auf rechter Straße
um seines Namens willen.
Und ob ich schon wanderte im finstern Tal,
fürchte ich kein Unglück;
denn du bist bei mir,
dein Stecken und Stab trösten mich.
Du bereitest vor mir einen Tisch
im Angesicht meiner Feinde.
Du salbest mein Haupt mit Öl
und schenkest mir voll ein.
Gutes und Barmherzigkeit werden mir folgen
mein Leben lang,
und ich werde bleiben im Hause des HERRN
immerdar.

Psalm 23

Expeditionsproviant

Entdecken

Mit diesen Anregungen kannst du erforschen, was es mit Plänen, dem möglichen Zufall und dem, was Orientierung im unberechenbaren Leben bietet, auf sich hat.

Zufällig zugefallen
- Nimm dir Zeit und schreibe dir alles auf, was dir »zu-fällt«! Was löst das in dir aus?

Du bist am Ziel
- Wie schön ist es doch, mit einem Navigationsgerät oder einer Navigationsapp zum Ziel zu kommen. Da muss ich gar nicht mehr denken, nicht entscheiden, da brauche ich einfach nur zu fahren oder zu laufen. Wohin, das sagt mir eine freundliche Stimme. Und wenn ich mich einmal verfahren oder verlaufen habe, sagt sie mir, nach Möglichkeit bitte zu wenden und umzukehren. Oder sie sagt mir einfach, wie ich auf Umwegen trotzdem ans Ziel kommen kann.
- Das Navi kann ein Bild für die notwendige Orientierung auf deinem Lebensweg sein.
    * Woran erkennst du, dass du das für dich richtige Ziel gewählt hast?
    * Wenn alles schiefgeht, woran hältst du fest?
    * Wer ist für dich so etwas wie ein Navi, jemand der dir Orientierung gibt?

In vielen Jahren

- Stell dir vor, du wärst doppelt so alt, wie du jetzt bist.
  Wo würdest du leben? In einer Stadt oder auf dem Land, in einer Wohnung, einem Haus, einem Schloss? Wie würdest du deine Freizeit verbringen?

- Setze diese Vorstellung künstlerisch um – z. B. als Bild, als Collage oder als Standbild mit einer Gruppe.
- Ziehe fünf Rollenkarten und lass sie die Bilder kommentieren. Auch das geht gut in einer Gruppe. Die Teilnehmenden nehmen dann die Rolle der jeweiligen Karte ein.

Selbstgespräch

- Sieh dir im Expeditionsproviant noch einmal die Geschichte vom reichen Kornbauern an. Dort redet der Kornbauer (KB) zweimal mit sich selber. Einmal spricht Gott (G).
    - KB: »Was soll ich tun? Ich habe nicht genug Platz, um meine Ernte zu lagern.«
    - KB: »Ich reiße meine Scheunen ab und baue größere. Dort werde ich dann das ganze Getreide und alle meine Vorräte lagern.«
    - G: »Wie dumm du bist! Noch in dieser Nacht werde ich dein Leben von dir zurückfordern. Wem gehört dann das, was du angesammelt hast?«
- Ziehe drei Rollenkarten. Antworte und reagiere auf die Aussagen aus jeweils einer Rolle heraus. Wenn du willst, führe ein Selbstgespräch. – Was würdest du selbst gern sagen?
- In einer Gruppe könnt ihr daraus ein Rollenspiel machen.

Mein schönster Tag

- Welcher schöne Moment in deinem Leben fällt dir als erster ein?
    - Was hat diesen Moment so einzigartig gemacht?
    - War er geplant oder doch eher zufällig?
    - Hat ein Mensch dazu beigetragen?

Welcher Typ bist du?

- Schau dir die Rollenkarten an. Welche Rolle passt am besten zu deiner Art, Entscheidungen zu treffen? Welcher Typ wärst du gern? Was hindert dich, so zu sein? – Und warum ist es vielleicht gut, wie du bist?
- In einer Gruppe könnt ihr euch in vertrauten Paaren auch verdeckt die Rollenkarten zuordnen.

Überraschung

- Du hast einen freien, noch nicht verplanten Tag. Du willst diesen Tag gern daheim bleiben und nur das tun, was dir Spaß macht. Jedoch: Ein Freund oder ein Freundin holt dich morgens aus dem Bett und hat einen Ausflug mit dir vor, eine Fahrt ins Blaue.
- Ihr zieht alle eine Rollenkarte und spielt nacheinander pantomimisch, wie ihr auf diesen »Überfall« reagiert. Die anderen Gruppenmitglieder interpretieren das Dargestellte und versuchen die Rolle zu erraten.

Zufällig geplant

- Du erfährst, dass deine Schule wegen dringender Baumaßnahmen eine Woche geschlossen hat und du ab morgen eine Woche frei hast. Mache einen Plan, wie du diese Woche verbringen willst.
- Auch wenn dir das hoffentlich niemals wirklich passieren wird: Stell dir vor, du erfährst nach einer medizinischen Untersu-

chung, dass du nur noch eine Woche zu leben hast. Dabei wirst du aber im Vollbesitz deiner geistigen und körperlichen Kräfte sein. Mache auch hierfür einen Plan, wie du diese Woche verbringen willst.

- Wie unterscheiden sich die Pläne voneinander? Welche Schlussfolgerung kannst du daraus ziehen?
- Nun stell dir vor, dass es im zweiten Beispiel eine Fehldiagnose gab. Das Leben geht weiter: Was ändert sich?

Termindilemma

- Du hast fest eingeplant, bei einem Theaterstück mitzumachen, hast zugesagt und eine gute Rolle bekommen. Dann kommt dummerweise ein anderer Termin dazwischen (Konzert deiner Lieblingsband, Ausflug mit Freundinnen …), bei dem du auch unbedingt dabei sein möchtest.

- Suche dir dazu nun eine beliebige Rollenkarte aus.
- Wie entscheidest du dich? Was spricht für den einen, was für den anderen Termin?
- In einer Gruppe sucht eine/einer von euch eine Rollenkarte aus. Alle anderen ziehen ihre jeweils verdeckt. Teilt die Gruppe dann in zwei Teams, die sich gegenüber aufstellen. Das eine Team setzt sich für den Termin »Theater« ein, das andere für den Termin »Konzert, Ausflug …«. Die einzelne Person stellt sich zwischen beide Teams in die Mitte. Immer im Wechsel versucht jemand aus den Teams, die Person für seine/ihre »Seite« zu gewinnen – dabei spricht er/sie aus der Rolle heraus.
- Wenn alle einmal an der Reihe waren: Wie entscheidet sich die Person in der Mitte? Welche Argumente haben sie besonders überzeugt?

Was wirklich wichtig ist

- In der Geschichte vom reichen Kornbauern im Expeditionsproviant geht es darum, was wirklich wichtig ist. Es sind nicht die »Schätze«, sondern dass der Mensch »reich bei Gott« ist.
- Versuch dich einmal als Übersetzer. Ziehe auf einem Blatt Papier zwei Spalten. Links schreibst du die Schätze auf. Alles, was dir dazu einfällt. Rechts listest du alles auf, was »reich sein bei Gott« bedeuten könnte.
- Was sagt dein Gefühl: Was davon ist wirklich wichtig?

Der Unterschied

- Du kannst deine Biografie, dein Leben, als Aneinanderreihung von Zufällen beschreiben oder auch als sinnvollen Zusammenhang, der sich erst im Rückblick ergibt. Gott kannst du dir dabei als eine Kraft vorstellen, die dich im Leben leitet und so diesen sinnvollen Zusammenhang entstehen lässt.
- Entwirf eine biografische Skizze zu deinem bisherigen Leben. Schreibe zunächst einmal eine Zufallsgeschichte deines Lebens und dann eine Geschichte, in der Gott dein Leben leitet. Die Geschichten kannst du ausführlich, in Kurzform oder in Stichpunkten schreiben – ganz wie du magst.
- Erlebe bewusst diesen Unterschied: Das Leben ist Zufall oder ein sinnvoller Zusammenhang.

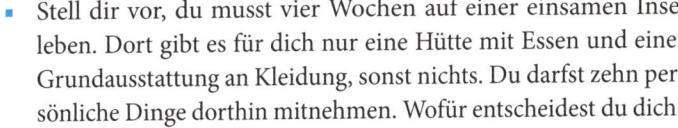

Nachdenken und Erkenntnisse gewinnen ist wichtig, handeln ist es aber genauso. Oft bringt das Ausprobieren noch einmal ganz neue Einsichten. Hier findest du einige Anregungen für deinen Alltag.

Das Nötigste

- Stell dir vor, du musst vier Wochen auf einer einsamen Insel leben. Dort gibt es für dich nur eine Hütte mit Essen und einer Grundausstattung an Kleidung, sonst nichts. Du darfst zehn persönliche Dinge dorthin mitnehmen. Wofür entscheidest du dich?

Entscheidungshilfe: Was würde Jesus tun?

- Berühmte Leute beeindrucken oft durch ihre Fähigkeit, zu reden und zu handeln. Sie werden zum Vorbild, weil wir die Wahrheit ihres Handelns spüren. So auch bei Jesus.
- Vielleicht kennst du Leute, die ein Armband tragen mit den Buchstaben W.W.J.D. Diese vier Buchstaben stehen für die Frage »*What would Jesus do?*«, also wie würde sich Jesus – nach allem, was wir von ihm wissen – in einer ähnlichen Situation verhalten?
- Welche Entscheidung – egal ob klein oder groß – steht gerade bei dir an? Stelle dir dabei einmal die Fragen: Wie würde Jesus reagieren? Was würde Jesus sagen? Wie würde Jesus handeln? Und was kann mir davon ein Beispiel sein?

To-do

- Schreib doch mal eine To-Do-Liste mit all den Dingen, die du einmal tun möchtest. Leg sie beiseite und lies sie dir nach ein paar Wochen wieder durch. Was willst du streichen, was ergänzen? Und frage dich: Was hindert dich, das zu tun, was du gern willst?

Glück gehabt

- Oft bewegt uns das, was alles schlecht ist, wieder mal blöd läuft und worüber wir uns ärgern. Doch passiert nicht auch jeden Tag so viel Gutes?
- Führe ein persönliches Glückstagebuch. Schreibe abends auf, was am Tag Schönes geschah. Beantworte für dich:
  - Was war der schönste Moment an diesem Tag?
  - Worauf kann ich heute stolz sein?
  - Wem und wofür bin ich heute dankbar?
- Wenn du regelmäßig schöne Momente aufschreibst, wird sich dein Blick verändern – weg vom Schlechten, hin zum Positiven.
- Wer weiß, vielleicht lässt sich dann auch mit ungeplanten und zufälligen Ereignissen besser umgehen?
- Als kleine Hilfe: www.zeitzuleben.de/formular-gluckstagebuch

Zufallsgenerator

- Spiele doch mal mit dem Zufall. In einer Gruppe fallen dir sicher viele Spiele ein, bei denen es um Zufall geht.
- Im Internet findest du einen Zufallsgenerator: www.zufallsgenerator.net

Was ist wirklich wichtig?

- Oft müssen wir vieles auf einmal tun und wissen nicht, wo uns der Kopf steht und wo wir anfangen sollen. Da ist es gut, einmal durchzuatmen und in Ruhe zu schauen, was gerade am wichtigsten ist. Das sogenannte Eisenhower-Prinzip, das du hier siehst, kann dabei helfen. Zuerst wird das gemacht, was wichtig und dringend ist (A-Aufgaben). Dann folgen die anderen Aufgaben.

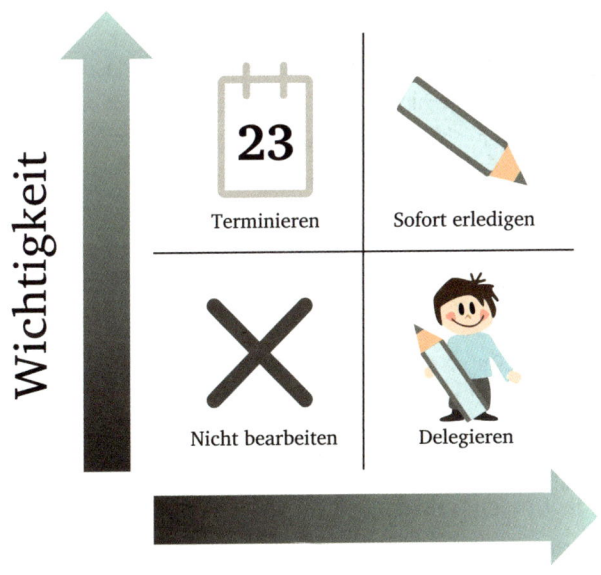

Halt

- Halt mal an! Einmal am Tag einfach nichts tun, sich Ruhe gönnen, unverplante Zeit haben. Das allein kann schon wertvoll sein.
- Und wenn du willst und kannst, dann versuche es mit einem Gebet. Wenn du keine Worte hast, kein Problem. Alles ist möglich.

Zum Nach- und Weiterdenken

Gebete sind Fenster zum Leben,
offene Fenster.
Aus dem geschlossenen und ummauerten Raum des Menschseins
lehnen wir uns durch sie hinaus.
So verlassen wir den begrenzten Raum
und gelangen in ein größeres Ganzes.
Wenn es beim Christsein darum geht,
das Leben in einer tieferen und weiteren Dimension zu erfassen,
als unmittelbar mit den Sinnen
zugänglich ist,
dann zeigt sich in der Praxis des Gebets,
dass wir uns nicht mit der Enge begnügen,
sondern das ganze Leben bei uns Einzug halten soll.
Nicht umsonst pfeift der Wind des Geistes
durch die geöffneten Fenster.
Maria Stettner

Experimente

Gott, der dich wahrnimmt,
lasse zu deiner Erfahrung werden,
was er dir zugesagt hat:
bei dir zu sein
in Angst und Unsicherheit,
zu dir zu stehen
in Ausweglosigkeit und Verlassenheit,
dich zu trösten,
wenn du bekümmert bist,
deine Bedürftigkeit
zu Herzen zu nehmen,
was immer auf dir lastet.
Er schenke dir,
was du dir selbst nicht geben kannst:
wachsendes Vertrauen
mitten in den Widersprüchen
des Lebens.
Sabine Naegeli

Experimente

Wer steckt hinter diesem Buch?

Dr. Christian Butt, Pastor, ist Pädagogischer Studienleiter im Prediger- und Studienseminar der Nordkirche in Ratzeburg.

Florian Geith ist Landesjugendpfarrer der Evangelischen Kirche der Pfalz in Kaiserslautern.

Jana Harle, Redakteurin für Gemeindepraxis in Göttingen, hat viele Jahre ehrenamtlich mit Jugendlichen und Studierenden gearbeitet.

Herbert Kolb, Pfarrer, ist Referent für Konfirmandenarbeit und Gemeindepädagogik am Religionspädagogischen Zentrum Heilsbronn.

Elisabeth Lange ist Pastorin in Rostock. Zuvor war sie als Kinder- und Jugendpastorin im Kirchenkreis Mecklenburg tätig.

Friedemann Müller ist theologischer Studienleiter im Evangelischen Bildungszentrum Hermannsburg. Zuvor war er Referent für Jugend- und Jugendsozialarbeit im Evangelischen Jugendwerk Mecklenburg.

Tobias Petzoldt ist Dozent für Evangelische Bildungsarbeit mit Jugendlichen an der Evangelischen Hochschule Moritzburg.

Dr. Georg Raatz, Oberkirchenrat, ist als theologischer Referent im Amtsbereich der VELKD im Kirchenamt der EKD zuständig für die Arbeitsbereiche Gemeindepädagogik, Seelsorge und das Gemeindekolleg der VELKD in Neudietendorf.

Astrid Thiele-Petersen, Theologin, Theaterpädagogin und Systemische Beraterin, ist freiberuflich in der kirchlichen Erwachsenenbildung sowie als Tanzleiterin tätig. Zuvor war sie Leiterin des Jugendpfarramtes im Kirchenkreis Lübeck-Lauenburg.

Quellen

Die Rollenkarten kannst du dir außerdem auch herunterladen auf www.vandenhoeck-ruprecht-verlage.com/ Expeditionen-ins-Leben Code: RCScb8E3

Texte

14: Stationen auf dem Weg zur Freiheit. In: Dietrich Bonhoeffer Werke (=DBW) 8 (1998). Widerstand und Ergebung. Gütersloh, S. 571/Heidelberg u. a., S. 176 | 17: DBW 5 (1993). Gemeinsames Leben/Das Gebetbuch der Bibel. 3. Aufl. Gütersloh, S. 86 | 18: Hubert Kiesewetter (Hg.) (2003): Karl R. Popper. Die offene Gesellschaft und ihre Feinde, Bd. 2, 8. Aufl., Tübingen, S. 54 | 34: »Stufen«, aus: Hermann Hesse, Sämtliche Werke in 20 Bänden. Herausgegeben von Volker Michels. Band 10: Die Gedichte. © Suhrkamp Verlag Frankfurt am Main 2002. Alle Rechte bei und vorbehalten durch Suhrkamp Verlag Berlin. | 39: »Life is not a Ponyhof« © Barbara. | 40: DBW 8 (1998). Widerstand und Ergebung. Gütersloh, S. 607 | 56: Phil Bosmans, »Komm heraus ins Freie« aus: Dems., Blumen des Glücks musst du selbst pflanzen © Verlag Herder GmbH, Freiburg i. Br. 2001, S. 69 | 57: Gregor Sieböck, Lebe. Jetzt! Inspirationen eines Weltenwanderers © Tyrolia-Verlag, Innsbruck, 2012; »Wer bei sich selbst …« aus: Franz Kamphaus/ Andreas Felger, Hinter Jesus her. Meditationen und Aquarelle © Verlag Herder GmbH, Freiburg i. Br. 2007, 35 | 58: © Siegbert Warwitz, aus: Siegbert Warwitz (2011): Wagnis muss sich lohnen. In: Bergundsteigen 3/11, S. 41–43 | 59: Text Daniel »Dän« Dickopf, © by Wise Guys Verlag | 72: © Hubert Burda Media, http://www.bambi.de/publikums-bambi-unsere-olympiahelden-2016-traenen-und-triumphe/223368 | 74: © IdeenwerkBW, https://www.ideenwerkbw.de/fuckup-night-stuttgart-2/ | 75: © SPIEGEL ONLINE, Reto U. Schneider, 8.5.2012 | 92: DBW 8 (1998). Widerstand und Ergebung. Gütersloh, S. 25; Alfred Farau/Ruth C. Cohn. Gelebte Geschichte der Psychotherapie. Zwei Perspektiven. Klett-Cotta, Stuttgart 1984 | 93: Thorwald Dethlefsen, Schicksal als Chance. Esoterische Psychologie – das Urwissen zur Vollkommenheit des Menschen © 1979 C. Bertelsmann Verlag, München, in der Verlagsgruppe Random House GmbH | 108: Mit Genehmigung des Radius-Verlag entnommen aus: Kurt Marti: geduld und revolte. gedichte am rand © 2011 by Radius-Verlag, Radius | 110: Niemand ist wie du, Ulrich Schaffer aus: … weil du einmalig bist © Verlag Ernst Kaufmann, Lahr | 111: Hubertus Halbfas, Der Sprung in den Brunnen. Eine Gebetsschule © Patmos Verlag der Schwabenverlag AG, Ostfildern 2016, 19. Auflage. www.verlagsgruppe-patmos.de | 112: Rose Ausländer, Wort an Wort. Aus: dies., Im Aschenregen die Spur deines Namens. Gedichte und Prosa 1976. © S. Fischer Verlag GmbH, Frankfurt am Main 1984 (978-3-10-001516-7, Anth.) | 113: Martin Buber, Das dialogische Prinzip. Ich und Du. Zwiesprache. Die Frage an den Einzelnen. Elemente des Zwischenmenschlichen. Zur Geschichte des dialogischen Prinzips © 1999, Gütersloher Verlagshaus, Gütersloh, in der Verlagsgruppe Random House GmbH | 127: © Herman van Veen, deutsche Übersetzung: Thomas Woitkewitsch, 1981 | 129: Paul Tillich, Systematische Theologie I–II © De Gruyter Book (987-3-11-046120-6) | 131: Niklas Luhmann, Liebe als Passion. Zur Codierung von Intimität. © Suhrkamp Verlag Frankfurt am Main 1994. Alle Rechte bei und vorbehalten durch Suhrkamp Verlag Berlin. | 144: Odo Marquard (1981): Der angeklagte und der entlastete Mensch in der Philosophie des 18. Jahrhunderts, in: ders., Abschied vom Prinzipiellen, Stuttgart, S. 160. | 146: Nachfolge Jesu (Auszug) Aus: Tobias Petzoldt, Ein für alle Mal, Seite 61 © tvd-Verlag Düsseldorf, 2012

Nicht gekennzeichnete Texte sind Autorentexte.
Alle Bibeltexte aus dem Alten Testament nach: Lutherbibel, revidiert 2017, © 2016 Deutsche Bibelgesellschaft, Stuttgart (16, 18, 21, 38, 55, 75, 92, 112, 125, 127, 128, 129, 130, 142, 143, 147)
Alle Bibeltexte aus dem Neuen Testament nach: BasisBibel. Neues Testament und Psalmen, © 2012 Deutsche Bibelgesellschaft, Stuttgart. www.basisbibel.de (17, 18, 19, 20, 37, 56, 59, 73, 76, 93, 94, 109, 112, 126, 128, 129, 131, 145)

Bilder

Icon »backpack« made by Smashicons from www.flaticon.com
Icon »browser« made by Vectors Market from www.flaticon.com
Icon »customer service« made by Prosymbols from www.flaticon.com
Icon »lab« made by Freepik from www.flaticon.com
Icon »looking« made by Freepik from www.flaticon.com
Icon »paper« made by Freepik from www.flaticon.com
Icon »search« made by Prosymbols from www.flaticon.com

15, 28, 40, 73, 74, 91, 94, 108, 118, 130, 144: © OpenClipart-Vectors – Pixabay | 12: © skeeze – Pixabay | 14-15: © cicisbeo – Fotolia | 17: © Rodriguez, Gustavo/ Cartoonstock | 18-19: © Pexels – Pixabay | 20: © Rudi Töws | 21: © Baloo –Rex May – Cartoonstock | 26-27: © Olivier Rault – Fotolia | 33: © Vitaly Korovin – Shutterstock | 34: © PIRO4D – Pixabay | 35: © Free-Photos – Pixabay | 36-37: © anyaberkut – Adobe Stock | 38-39: © MichaelGaida – Pixabay | 41: © KPLX | 42: © congerdesign – Pixabay | 46-47: © GLady – Pixabay | 52-53: © Vitalii Nesterchuk – Shutterstock | 54: © Florian Geith | 55: © AnteKante – Pixabay | 56: © Roger Schmidt | 57: © StockSnap – Pixabay | 58: © StockSnap – Pixabay | 63-65: © Florian Geith | 70-71: © sasint – Pixabay | 72: © Skitterphoto – Pixabay | 74: © ShonEjai – Pixabay | 75: © 742680 – Pixabay | 75: © Pexels – Pixabay | 77: © Schwarwel – Toonpool | 83: © rawpixel – Pixabay | 88-89: © euPaddy – Pixabay | 91: © lirtlon – Adobe Stock | 92-93: © skeeze – Pixabay | 94: © Farris, Joseph – Cartoonstock | 94-95: © bella67 – Pixabay | 99: © 27707 – Pixabay | 102-103: © Free-Photos – Pixabay | 106: © radFX – Shutterstock | 108: © Elioenai – Pixabay | 109: © Karsten – Toonpool | 110-111: © 73454 – Pixabay | 111: © Science Source – akg images | 113: © Erich Lessing – akg-images | 118-119: © Pewara Nicropithak – Shutterstock | 122-123: © Ronile – Pixabay | 125: © congerdesign – Pixabay | 126-127: © RyanMcGuire – Pixabay | 128: © BoDoW – Toonpool | 129: © freshidea – Fotolia | 130: © Matthias Galvez – Lars Wiedemann | 131: © pimpelucha – Pixabay | 136-137: © mehizm – Fotolia | 140-141: © ejaugsburg – Pixabay | 142-143: © Kallistii – Pixabay | 144-145: © Pexels – Pixabay | 145: © Erl – Toonpool | 146-147: © Kaedesis – Pixabay | 150-151: © qimono – Pixabay | 154: © Falara – Shutterstock | 155: © thingamajiggs – Fotolia